不计往日 何待来年

婧介 著

九州出版社
JIUZHOUPRESS

目 录

知本我，追寻自己的姓与名

某刻闲暇，伏在案边，用彩色铅笔于白纸上轻轻涂画自己的名字。缤纷色彩一如我们多样的姓名。

每个人皆有自己的姓与名。姓，谱绘着家族符号；名，大多寄予了家人对我们的期许和希冀，抑或为了某些人与事之纪念。有些取名则须依家谱排定，使具家族之风。古人除却姓名亦有字，而字常与名的意义相关联。文人雅士多有号为封，或拜人所赐，或兴来自许。今人少有字与号，且存笔名网名等，比之姓名，皆属闲谈自乐。

姓氏于中国，有着甚为古老的起源，大约可追溯到原始部落之中。姓氏本为姓与氏的并称，后经演变合二为一。我们每个人的姓氏便在其中经过分离与融合，定居与迁徙，历尽沧桑，最终到达你我身上。小时候，我们对姓氏的了解，许是来自不能完全记诵的《百家姓》，后来晓得《百家姓》并不止一百姓，再后来发现，诸多姓氏未收录其中。

恬恬姓花，是个普通女孩。祖父告给她，《百家姓》有注，先时本无有“花”字，花姓源自华姓，两姓相通。古书说周文王后代中有一支属花姓，又存花姓起源于女真族、满族、蒙古族、回族等之说。正史有记，于唐代时出现最早的花姓名人。恬恬常以花木兰为傲，尽管于木兰的姓氏，历来众说纷纭。

如言姓氏为一个家族的血脉承续，为身份验证码，名的取定则是长辈的一次特殊做主。呼唤小名，更是他们与我们初初之交流。

恬恬这一小名便是家人对她的昵称。恬恬的大名唤作花雯，是其父为取的。父亲钟爱古典名著《红楼梦》，尤怜晴雯，适逢恬恬降生时阴雨绵绵，便单取一雯字。起初，母亲因着花袭人与晴雯俱是丫鬟之身，而“花雯”太似两者之合，故于此名不悦。父亲则打趣，曹雪芹笔下女子皆是传奇。恬恬长大后，便从自己姓名处入得了《红楼梦》。

我们了解自己姓氏的渊源，远如追溯民族历史，故而有一种明确的归属感。近如翻看父母的家庭故事，寻常百姓不失平淡中的真切，书香门第抖落着翰墨纤尘，显赫家族亦有其引以为傲的基因。若不是那一分贵族血统，或许张爱玲很难有《更衣记》中奢华的感观与没落式炫耀的伤痕。

我们了解自己名字的由来，是在懂事后与家人一次迟到的亲情沟通，且为必要沟通。长大后的你于自己名字，或许欢喜，或许没有过多感觉，或许不甚满意，或许自换新名。然无论何种，多数人的名字取得俱是人生第一则故事，值得珍藏好，说给你未来的宝贝听。如今，不乏一些朋友的名里有母姓纳入，更添了交融的亲味。

遇同姓之人，大家常讲“五百年前是一家”，如于千万人之中遇得同姓且同名之人，莫不是一桩缘分。古时壮士有言“大丈夫行不更名坐不改姓”，而今，你我当以自家姓为亲，名为念。

回馈父爱，为父亲织一条暖暖的围巾

玻璃窗上，冰花泛起细细纹痕，被路灯柔光饰成朦胧橘色。用手指随意涂抹开周遭水蒸气，望见窗外一层夜幕轻烟缓缓地浮动。月光隐隐，同几点星子重复着寻常暝色。北风，在街上行人的呼吸间跳着舞。

夜气如斯，待到你的父亲回家时，或是些许疲惫在身已不愿多言，抑或你想与他说些什么觅不到新意。如此，便在这番冬日，倚在床边乘着温软灯亮，给你的父亲织一条围巾也是好的。

于织围巾，很多女生当有兴味，而有些女生许是同大多男生一样，觉此并非易事。其实，学织围巾途径多样，或向母亲请教，或于外婆祖母取经，或在书上网上学来，总有一处能通达。至于多数男生的惯性思维，但观厨师、设计师、化妆师之类，领域中佼佼者未必不是男性。故而唯要有意识，欲用心完成一件事情，定会寻到可行之法。

选定了毛线与毛衣签，即可择一款花样来织。即使我们只学得简单针法，于父爱山脚下亦是别样味。父亲的肩颈是多少小孩子的眷恋地，人世间就有多少父爱于此凝着相似情节。你会否记得，孩提时坐在父亲肩上，小手时而搂住他的颈，时而抓住他伸上来的大手，听着歌谣与玩话，在空中悠悠荡荡？你的母亲或在近旁，一路笑着跟随欢乐中的爷俩。光阴不停歇，当初父亲肩颈上那个不谙世事的孩童如今已渐渐长成。父亲于我们的护持，业已融在成长中每一个平凡日子。顶小的时候，你沉在他造予的欢悦里，从不知坐得高就能看得远是怎样一番道理。长大后懂了，甚至懂了更多，可父亲的肩颈却永远回不去了……

当你为父亲系上这亲手织就的围巾，他的肩颈即刻便有浓浓暖意，心上更是为父的所有满足。若我们如是发出懂得心疼父亲的自我表白，换来的定是同围巾般许人温暖的亲情交流，更附上一层无法被替代的成就感。因是血缘至亲，往往被我们忽略，总觉时间还很多，路亦很长，然亲情的经营与守护，在我们懂事那时起便经不得等待。你我既已长大，有了爱的能力，当是好好回报父爱的曾经深深给予同今时默默延续。你亲手编织一条围巾，亦是给幼年享在父亲颈上那些幸福时光，一味纪念。

每个人诞生时，皆有一根长长脐带把我们与母亲之身相接连，而此刻这一条围巾恰如长长脐带，将我们与父亲之心相交通。这围巾较买来的或少几分精致，针法或也未够齐整，但起针那刻，往日童趣皆化作我们懂事后于父亲的深情，随针线同入其里，一下一下织出的，为馈报恩养之心。此般情味，售卖围巾终究难以到达。

无法拦阻的，是你我的父亲渐日老去，然他目光如昔，一直跳动着父爱之心。你离他愈远，始觉距他愈近。或许，遍览多少作家笔下父爱如山，到底是他人故事，惟有一番真身涉历，爱，便在爱里回流。

陪父母一起接迎日出东方

在城市里来来往往，久而久之，已成套中人。我们几乎每天都摄取阳光，却不能常常目到日出东方那一刻。楼高几许，究竟遮蔽了我的眼，还是隔阻了你的心?

意识到了心便会随从，接着迈出步子，于平静生活中支取一个凌晨，或是登临高耸山顶，或是驻足辽远海边，或是穿越乡间幽僻小径抵达田野尽处，陪你的父母一起，看一回日出。

山顶，海边，田野尽处，每档风景的日出观感或亦有相差。起先，天色是昏幽沉暗的，夹带着晓寒。待朝阳缓行至地平，空中被抹上一层清淡橙亮。分秒之间，天光渐次打开，旭日嵌入彩环，探出地面，自小半圆画到大半圆。云霞若漫天枫叶拼图一般，连层层接痕亦是耀目的金明。夜与昼的互换是如此短暂，止于顷刻。唯近距离亲身感观，凭心去玩味内里之层次，才可领略交替的涵义。夜昼之间，似有一瞬跌至谷底的黑暗，你需坚定自己，勇敢过后，便会发现日出是何等之开豁与壮阔，从而收取一份欢悦。当太阳的最后一弧弹出天地之交，东方旋即挂起完整的赤圆。

与父母一起走近日出，被自然景观撼动心灵之余，亦能收获几许体悟。这般美景始终围在我们身边，有如父母无言之爱，从未停息，却早已被我们视为常态，然后忽视，然后遗忘，无有时间谈及欣赏。日出是自然不变的给予，不论错过多少，只要你何时记起，皆可重新关注。然当你再次掬起父母的爱，会发现，爱一直在我们身上，而他们却渐渐老去。从前很多东西，失去便是逝去，已无法寻回，唯有珍惜来时。我们的意识愈晚醒来，愈会一点一点流掉最宝贵的亲情回应。

每个人看日出，身上俱有种温暖，与自己的家人依偎在一起同看日出，你将感受到世间微细而又纯粹的幸福。当你与父母置身于等待之中，他们心绪里仿佛有一丝早年于你降生之际的那份期盼和守候，你此刻的存在和陪伴倒像是一次角色归位或者情感弥补，是以自己对日出全程的观赏与理解，来追想自己当年出世的故事。这样的故事只能为后知后觉，这样的相逢当有一半是重逢。你我原是那个小小的人，却小小无法认知小小，然时光总是不疾不徐地过着，人的形貌亦在每个阶段皆有轻轻的变。那种静静的更改就好像饮下一杯温水，喉咙里没有暖烫或冰爽的感觉但业已解了渴。若与太阳来比，我们的一生不过是其一天之移动轨迹。或许，日出的起点之美我们长大后可以拥有，而你我人生的起点之美，唯父母代我们领味了。某一天你懂事了，想要回身来取吗?

那就陪你的父母一起去感受日出吧！与常被忽略的血亲至爱一同去看看常被忽略的红日美景，享受光彩停留在他们身上的那一刻，或用影像完成记录，让两处无声的美丽融在一处。太阳升起，你转过头，看到涂在父母面上的曙光，看到父母的兴奋神采，看到父母眼中的自己，一切似乎是你从未凝望过的情态。连他们眼角的鱼尾纹里都是满足的欣愉。

从中年到老年的画面定是夕阳渐渐染红天吗？也许最美丽的日出，正是你我心中最美丽的父母。

为父母精心烘焙一个浓情蛋糕

蛋糕这吃食，我们很是熟悉。坐在甜品店里与恋人一道享用，同朋友买回家中边吃边聊，都是不错的心情。那么，如让你选择请父母去共尝香甜，或者自己动手制造鲜甜给他们，后者表爱意的方式会否更有意思呢？

在父母结婚纪念日、生日，或就是某个平常日子，你可以买来一些食材，依着备好的相关制作方法，或再融入一点自己的设计，为父母精心烘焙一个浓情蛋糕。

底盘的糕体或圆或方，是整个蛋糕最主要的部分，如欲使其松软可口，做起来亦有讲究。初为时经验缺乏，你也可多试几次，尝尝口感，便以再调整。

面粉皑皑如雪，扑到哪里皆是一层细细的白纱。你双手沾满它，就像沾满父母对你没有杂质的爱。旁侧小瓶里，油是透明的金黄，倾斜倒出再放下之间，液体划过瓶壁，还原回一个润亮的油面。牛奶的醇香在空气里淡淡飘。白糖与食盐的颗粒中各自插着一个小勺。杯中之水澄静满满。破出蛋壳的蛋黄像一个个有弹性的小球球。你按着一定比例混合搅拌面粉、油、牛奶、白糖、食盐、水和鸡蛋。这些黄黄与白白不是金银，却凑在一起成了无价的爱的底色。

待蛋糕熟时，已是香味满溢了。你或将奶油点在上面作装饰，或均匀涂抹薄薄一层，搭配放上你父母喜食的水果，洒一些巧克力片，缀几点红枣丝，核桃仁，葡萄干等等。你瞧，这红枣丝就像是连结起你与父母的血缘之丝，核桃仁像是挥之不去的亲情长存脑海，而葡萄干的青绿色像是你懂得感恩父母的年轻真心。最后，你还可用果酱附一句简短的爱语。这蛋糕被快乐地做出来，定会别有姿致。

任何一种爱的情感皆需表达，而表达方式却是多样的。为父母做一个蛋糕，便是以美味和营养回报给他们浓暖爱意，自己也沉浸到一种活泼的情趣之中。制作蛋糕时，想起父母曾是如何细致喂养幼小的我们，后来烧菜做饭又如何在意我们的口味，便知你我这一小小举动，远远抵不过父母永无止境的付出。尽管如此，一个浓情蛋糕仍旧是一份有惊有喜的礼物，惊喜之余，你看到他们甜滋滋在口，亦晓得他们喜滋滋在心。犹太人有句谚语："父亲给儿子东西时，儿子笑了；儿子给父亲东西时，父亲哭了。"儿女每一点点回报都会是为人父母的幸慰，被捧在老去的手心，久久不舍放下。

父母给予我们生命，应是这世间最与我们相亲之人。成长路上倍受他们关爱与呵护的你我，亦当学会敬重与感谢自己的生身父母。亲情之互动总是美好而无价。也许，有些人的冷情是缘于某种特殊经历，释怀似海一样深的心结，终是人生一场带痛之修行。我们中的大多数皆受养于父母恩情，当你有了回应的意识就去为他们做些什么吧！那样的爱没人能取代，哪怕你从简单的吃做起，将浓浓亲情化作一个甜蜜蛋糕。

食惯了父母之味，也让父母尝一尝我们制出的味道。就从甜味开始。

合成照片，凝视年轻的父母与年老的自己

黄昏时分，柳梢挂着红轮西坠的余霞，与风微摆。小城浮动一袭暮色。路前街灯点点初上。路旁楼身玻璃间，不时擦过车子的快影和人来人往的浅像。

夜意渐渐打开，吃过晚饭，你回到自己房间，想着如能合成父母年轻时与自己年老后的照片，可是件趣事？于是启动电脑，点入保存父母老照片的文件夹。旧时一些纸上照相，通由新的技术，已变作电脑图标，依旧无声说着往日情愫。

你看到父母照片上的80年代，那些半身相与带有各类布景的相，皆摄于照相馆，以黑白色为主，亦不乏有些相片经过上色。彼时的母亲们大多烫一头卷发，垂在棉布衣上，是爱美潮流。父亲们则多是穿着深色制服，内里看似端正的衬衣，许是隐藏其中不能独立出镜的假领子也未可知。你会发现有些照相中，他们的

目光未落入镜头，大约是从摄像师引导吧。有些照片四周是白色宽边，外沿波浪形锯齿的点缀如一个不经意的相框，与今时大头贴几分相像。你亦看到父母照片上的90年代，其时，多数彩照是由家庭相机拍下的，他们身后也有了生活场景和自然风光。你能观察到你父母的穿衣颜色及样式愈加多姿，更显摩登。休闲服装开始受到欢迎，也不乏有品牌商标隐在照片之中呢！

逝去的年代里，照片上的父母们总归有一丝与时代装束相符的羞涩情态和隐淡浅笑，低调内敛而又平和。后来慢慢趋于变化，照片上的他们不失一些活泼与自然，恰点到为止。目今的相上，年轻便是追随时代环境，姿态神情已甚为开放和多元。黑白照亦早不是旧日黑白，多为复古怀旧的风潮，有意追求的需要。

待到我们懂得欣赏父母之美时，他们已人到中年。在日渐成人的我们身上，他们常能看到自己年轻时的影子，那些已经回不去的曾经。我们从他们如今的面容上，偶尔会捕捉到自己变老的模样，却好像面与心之分离，终归不愿深思。

那么，试着合成一张父母年轻时与自己年老后的照片，或许是今天在光阴河流中一次转身。制造特别共享亦是转换固有思维的游戏。如你正有几分好奇，便秉此心绪，在电脑中寻张自己的近照，或让图像软件做一次技术处理，或让在线网站来一次未来预测。尽管无法触到真正的时代变迁与服装变换，却看见了遥远的自己定在电脑屏幕上：头发疏白，皱纹爬上眼角，皮肤失去光泽，甚至生出些许老年斑。你会否敛容蹙眉呢？再把父母的年轻与你的年老一并放入照片模板，点击合成。二者旋即定格一面。此刻，你又会因这照片生出何种叹怀呢？原本无有可能同存的面容，经由一张照片想象并对接，默默流动着亲养基因，于此打开的，即是时光穿越。

年华是人生美好之物，亦是无法留取之物，点滴成形，到底一去不返，似流水无情。合成这照片虽只一节游戏，却是对两代人岁月的特别领味。联结血缘的生命痕迹，可算作我们尝试质感的体验。生命之盛开，无从选择，各色各态，之于我们与父母，年华无法同时，却同样是纯美与珍贵的人生过程。最迷人，莫过容颜在青春上绽放。父母那时的美丽花开，亦当由我们提取和记忆。你我被虚拟出的青春不再，从父母的角度看去，也许别是一番滋味在心头……

黄昏时的柳梢，有一瞥相望之愁，更有一丝相衬之美。夜已深，房里习习暖意。如是温舒清夜，拨动着你我心中最柔软的部分，用以安放白日里不尽由己的身心。

冬季取暖，与长辈一起看那些迷人的老照片

寒冷的冬天，阳光悠悠落在窗上，屋子里亮亮的，有一种通透。时针依旧自顾自滴答滴答。你说想看看老照片，便靠在窗边，与长辈一同翻阅起来。

常日里总是忙，好像许久没有静静依偎在家人身旁了。此刻，你同祖父母或是外祖父母靠在一处，他们讲些什么都很入耳，仿佛回到了小时候。你细细听着亦看着，那老花镜已慢慢滑到了鼻尖，却更方便他们在眼镜里重读照片，又在眼镜外与你交流。阳光在金属镜框上一闪一闪的，不时移动到他们脸上。被舒展开来的皱纹也不晓得还在着没有。

老照片往往离不开老相册，是你能抚摸到的一股陈旧。那时的相册，每一页黑色厚纸上粘贴着许多对如箭头一样的相角，它们的大小应照片尺寸而来，每张照片对角的两头可以分别插入其

中，以此固定。黑纸上面还有一层半透明的白纸，就像一层白纱保护着照片表面的光泽，亦隔开了前后两页。每每翻动那白纸，就会听到沙沙的声响。你会听到长辈讲，从前呐，几乎家家都有这样的相册。后来，有了彩色的、带花饰的艺术相角，可自己买回随意择位置贴附。再后来，照片开始装进新式相册，是塑料材质的，白色底上的透明薄膜多是四寸大小，三边封合，一边开口，照片从这开口处送进去，妥帖停在里面，页页都很平齐。

就着他们指向黑白照片，你好像沿着时光隧道走回去。一张张图像定格只一瞬间，背后却有许多照不出的故事与插曲，长辈正说给你听。祖父母可能会借着你父亲小时照片，对你大讲起他的童年，一番顽皮罗列如告状似的，倒也并不能掩住爱意。有张相片就是父亲挨了祖父两下揍之后拍下的，哭笑一体，连摄像师也被逗乐了。你看着父亲这表情，想象着当时场景，也笑了。外祖父母可能会对着一张合照，与你聊起他们第一次同去照相馆的情形，却两人对一细节各坚持自己记忆，那认真争执的样子，倒让你觉得可爱，又不得不忍住笑去分开他们。有你的照片基本已是彩照了。全家福上，两边老人都把年幼的你目作宝贝怀抱着。今时的你已相像于父母当年眉目，再来凝视照片上自己幼时的澄净双眼，便发觉长大是一味对比，而小小的你依旧还在相纸上，依旧不谙世事。

你是否愿意静下来，与自己的长辈一同看看老照片？任他们拉起你的手，欣然带你回去，从一直守着的熟知领域拿出一串串家庭故事，予你温情。用可以返航的怀旧之旅，去触摸那一段单程流光，这涓涓往事便是家的钥匙，给你一种归属。那些寻常情节，让你意识到自己正披着家的爱衣，一点一滴走到今天。

今天的生活已有千变。高科技数码大多取代了家庭传统照相，单以手机便能随时随地拍照，不满意旋即删掉重来。我们在电脑里随便新建一个文件夹，即是相册之功用。纸上照片就这么渐渐退出视线，因一句今非昔比。然灵便未必能够替换所有，新亦终将为更新而代，归为旧，无止无休。旧了的一切，珍藏价值大过现实功能，是一种感情，如它们皆被抛却，我们将失去来路的记忆，失去根蒂，摇摇晃晃。当新物件充满在各处，旧物什的情意一直都在故事中沉淀，成为历史。老照片便是这样一种旧，值得回味与纪念。

冬季里，暖气和空调可为我们取身体之暖。偎在长辈身旁，跟着他们的讲解在往日照片里漫游，在旧时钟里走走停停，呼吸着空气中散发出来阵阵泛黄的气息，可为我们取一剂心灵之暖，挥之不去。

你依我侬，绘一本恋爱日记

恋爱，是风月山水木云花，而恋爱中的人，总期盼时针停摆又恨不得一夜头白。以如此心思将爱之长短事付诸纸笔，便是一本恋爱日记。

不管一见钟情还是日久生情，你在本子上记下这心动，即为爱恋之初始。此后，你们带着新鲜感走近彼此。爱的日记中也慢慢添入故事。

某日，你们言及共同兴味，愈说愈喜上眉梢，尚未一拍即合的部分，亦打算慢慢相互影响。某日，你们因为一些旧物谈起从前，分享着相同时间里各自不同的经历，一时悦然又一时默然。某日，你们并排坐着同读一本书，就其中内容畅聊起来，对方那句话里那个眼神，你自此不忘。某日，你们牵手逛街，累了一处吃饭闲歇，信步往来在这晴日里的静暖，终是买不得的好心情。

某日，你们一起在电影院里为爱情片泪落，又一起在练歌房里深情对唱，彼此偎依想着才刚故事，两人的手愈加紧握。

某日，你们喜览旅行途上悠悠风景，醉赏烟霞，一路以浪漫放任青春美眷。某日，你们一同度过恋爱纪念日，回想着点滴去路，憧憬着来日情节，说起彼此下一个生日，你偷偷隐去一则秘密，意欲留作惊喜。某日，没有结果的争吵令彼此不欢而散，你一身烦闷，待静定想来，还是坚持自己的以为，只方才情绪太盛，故而纠结着当不当开口先言。某日，小别的思念使你收之不尽，枕边一灯如豆，自顾自分明，独对夜窗，长空星语绵绵亦难解你心事。

古人诗词里那些儿女情长，或可读作一种爱恋情绪，尤以词为是。封建时代，为加护夫权，总总不欲上层社会男女之间的情意生而深之，却又大抵望夫妻终身相好，是故两人间“重敬而不重爱”，妻子不过是社会婚姻的义务。如赵明诚李清照，陆游唐婉，沈复陈芸一般真心契合者，本当以为幸事长乐，但不是棒打鸳鸯，便是恩爱不到终。“闺中少妇不知愁，春日凝妆上翠楼。忽见陌头杨柳色，悔教夫婿觅封侯。”这很是为妻者应有的心意，然不过男子揣摩代作罢了。所以，文人士大夫易与烟视媚行又冰雪聪明的风尘女子互生爱意，我填你唱之间，一场恋爱，款款知己真情，亦满足了婚姻内难得的爱情。然而，“此去何时见也？襟袖上、空惹啼痕。伤情处，高城望断，灯火已黄昏”。词来词往最是愁浓，惟因相逢总归聚短散长，人生实难如意。

时移世易，今朝之恋爱已然自由无拘，然形不同而理相似。凡情者，倘使贪一“真”字，多是几味杂陈。日记本，可为你录下太多太多恋爱中琐碎而真实的事。写一本你自己的恋爱日记吧！在爱的文字里，情态与心境千古不移。皆言生活平淡，若草草待之，也不过如此，而若能以纤敏之心真真写下，来年重读，定有他获。感觉一旦成为故事，所有苦乐都好像标本的落定，惟余美丽。

或许，有种种缘故，你的恋爱日记终以分手来收梢，那应是最苦一味。但往事里载入的纯纯美好不当因此而一齐否定。若为初恋，则这本日记更加珍贵。年轻的恋爱稚涩而特别，是你婚姻前告别人生一个阶段的成长纪念，无论曾经的爱人会否成为你终生之伴侣。纵是你们彼此伤害太深，故人业已化作远方一道无解方程，亦不可将痛全部记在自己过去的爱上。因恋爱本是美，不过错了时间与地点。

凭纸笔凑成新物，待他光阴久长，一点黑白沉沉之况味是本子里泛着有，当初情意还在你手迹之间，亲悉不已。

职上职下，录一本职场周记

“本人X年X月参加工作”——这似乎是有一点泛旧的表述。与之匹配的履历表上，某一年月被填写在“参加工作时间”一栏，也由此知其工龄及资历。更多的人或许会更习惯讲“入职时间”与“离职时间”。总之，我们普通人上班的地方大多可称作职场。

那么，你踏进职场多久了呢？又有多少收获？能每天记一点心得固然很好，若没太多精力日日详录，你亦可在每个周末抽取一点时间，小结一下自己本周工作，付诸文字，写一本职场周记。你的同事、主管、老板，你所在的团队，你的客户、业务伙伴等等，都自然地成为这周记里的元素。

某一周，以为自己被工作搞得乏累，虽是格外累，但因心向奋斗，就也无甚稀奇。当留意到身边某位同事与你带着等量任务，却不见其乏累亦与你等量，便让你细细琢磨起来。遂在周记中自我释疑：与其讲是工作令自己疲，倒不如说是自己使自己倦。原来，求全则累。你发觉同事的工作方法确是较为合理，轻所轻，重所重，依层次需要安排分配个人精力，值得你师其长技。

不过，对孰轻孰重的归分同样包含一种判断，你想了想，为自己列出一些可行性计划。

某一周，部门主管又是一连几日发飙，还好没轮到自己，但你已早早领教过了。被训斥到的同事回了位置上，将头埋在电脑后面，一番无奈地咬牙切齿，使人乍想笑，可瞬时便笑不出了。你在周记中假如，假如自己今后升至主管，当是寻求另一种工作方式，其中不能缺柔。位高者治人，位低者治于人，管理人之人发发脾气无可厚非，形成风格就不大妙了。对于将之怒，手下的兵卒总是难者多犯常犯，会者少犯不犯，若使难者心怀忌畏，会者身怀敬惧，到底不划算的。

某一周，在一次重要会议上，你终于就某个问题大胆讲了自己所想，那种不卑不亢的态度使自信刚刚好，令表现如准备一般。在周记里，老板此次的淡淡满意被你描绘出来。你分析自己在刚入职时温温含苞，慢慢熟悉了环境，便开始幽幽展怀，凭实力去争取机会。身在职场，所有新人都像是一株幼苗，每个人至少要先用心培植自己，给自己养分，护自己长大。

某一周，记下这次团队奋战时大家的状态，任务完成的情况。你感叹着谁人具领导者之质，谁人有协作精神，又谁人不易被驾驭。也许吧，人在职场，自共性中绽放出的个性会更美一些。

某一周，记下与客户或者业务伙伴进一步交流后的体会，在此般往来之中增了见识，积了经验。你不得不使自己明白，这是一个讲求合作的时代，大家各为其主，寻觅互利双赢，就算将“互利”拆释作互相利用，也未必是贬义。如此，“双赢”便是各取所需了，亦非贬低。

职场是一个社会舞台，有社会便有人，与人相处的难与易，倘请不同人讲，答案怕也不尽相同。看来这人心究竟可测叵测，也像是个哲学命题。但交往于职场，还应抱乐观更多些。与人打交道，有一点是要学会在情商支配下表辞达意恰到好处。此十分重要。与之同等重要的还有工作能力，你的认真，执着，负责，诚善。当然，还有最最简单却也最最容易忽视的一条——遵守规则。因感受而感悟，将这些置于你的职场周记中，以真实素材锻炼文笔，能够慢慢写出好文章也说不定的。或许你会舒泄某些情绪，但毋使偏激。

在职场上，及时地自我反省亦不可或缺。本子里的定期留迹如能尽量客观，应会为冷静之思提供一点帮助，况写的本身也是思。记得职场小说《杜拉拉升职记》中，帕米拉因故被离职，拉拉与HR总监李斯特谈起这件事情——拉拉无精打采地说："帕米拉其实挺聪明的，工作干得很好。"李斯特点点头说："是，她还这么年轻，如果不改，以后更危险，越聪明越危险。"拉拉说："您说她会改吗？"李斯特摇摇头说："难说。可是你要是问我，我觉得她不改的可能性更大，她相信她自己那套，聪明的人自信呀。"——咀嚼起李斯特的话，余味绵绵。某些时候，正是我们的聪明未能给自己留下退路，制造出不愿承受的委屈。其实，每个人皆要卫护其生存利益，他有心也好，我无奈也罢，待你再回过头来言指某人某事，已然没意义了。

一本职场周记，里面是工作，外面是人生。究竟聪明为何物？智慧又为何物？也许，并非所有聪明人凡事完全相信自己，却至少很容易就这样了。无管是身处职场情场生活场，有智慧的你，会在何时自以为非？

变换上下班的路，来点新鲜

每日上下班，你是否会走同一条路呢？大约会选最为省时省力的那一条吧！也许，从家到单位的路可以有几种选择，路上细节也可以不同安排，只在于我们自己有无变换之意。

晨起，较常时早了半个钟头，简单洗漱便出门去。或许出门后向左，是日日不必思的动作，这一回，你有意向右迈出步子，推掉了骑惯的单车。以往，常在那边小店里等一碗冒着热气的馄饨，或者用调羹撇起豆腐脑层层雪白。今日却在这边早餐铺里坐下来。油条刚刚炸好出锅，冒着油泡，焦黄黄的亮。那是你向来警惕的浓腻，但偶一入口，脆嫩倒成了味觉重点。就像一样东西被搁置太久了，再次摆弄起来，总觉有哪里不一样。油条的伴侣是一杯沁着豆香的家伙，“豆浆离不开油条，我要爱你爱到老”，要是你也想起这句歌词了，不妨边吃边在心里哼一哼吧！

饱餐过后，你任命某一条不常走的街作了上班之路，新风景便调动起旧心情。不见了拐角处那所小学，也就不见了素日校门口孩童的叽喳蹦跳与家长的行色匆忙。但见公园在路边传来清早特有的晨练音乐，带点年纪的人们沉浸在平缓运动中，静定而有力。园内青色娇秀，闲花淡淡，与这般朝晨相对。你浅浅叹羡着那些无需赶路的人。再前行，走过一栋老建筑，斑驳墙外缠遍了藤蔓植物，鸟儿正站在檐顶的陈旧上，用歌喉向着太阳问早。就这么一直走，换了路径的抵达，仿佛有一种不大不小的刺激，使寻常思绪琐碎跳动起来，你跟着它开始了全天的工作。

向晚，加班后走出大楼，已有疲累在身。此时交通高峰不在，你没去理会熟悉的地下铁，转而搭上一辆公交车，有点绕远却也能到家。乘客很少，车子负重很小，没有太快亦没有太慢，以一种适宜的感觉穿行在街边流丽灯彩之中。城市的傍晚从不寂寞，人们享受起业余时间，商场与餐馆皆有不同于白日的繁华。你坐在靠窗的位子上，松弛着一路望向窗外，也许又想起某个人，某件事，以安然的心境。晚风微凉，从车窗探进，拂在面上，舒服地送来夜之消息。进家后，你打开日记本，写下了方才所思。

上下班的路是我们每日之需，走着走着，路旧了，成了习惯，总习惯一条简便的路。我们自以为守着最合理，一切俱依固有模式在转。若抛却依赖着的惯性思维，尝试重新来解旧事，也会有新意。其实，每样旧事皆从新处而来，如使其一直旧下去，难免要失掉很多感受变化的快乐。生活需提气，需活力，我们可以不时调剂一下所走之路，让路与路来回轮替，不必太拘泥于某个点上的得失。无有变化不过是某种意义上的安定罢了。变换上下班的路，看起来是一换即错，是在绕远，是在付出一些东西，实则敛获了新鲜，那才是最不可或缺的。更改这行路之线，你可见到不同之人，听到不同之音，嗅到不同之味，皆是微茫的如意。一并为我们的工作捎去有益。至于那些经常变换工作的人，不消说是从根本上为自己换了更新的路。

走路属做事情的一种。想问题与做事情，只要未触及原则，就没有什么一成不变的该当。厌倦是人之本能，就像欲望的本能一样自然。我们既懂得于大事上控制自己不厌其烦，那么，在顶小的事上，亦莫忘此理。

做一份兼职，让自己多一点经历

每日上下班，不少朋友需面对同时、同地、同人，常觉缺失几分热情，而又为之奈何？正处在激情奋斗期、稳步上升期，或者刚好置身于融洽团队、温暖集体，单调之感也许会有所冲淡。假若你的工作尚不属极其繁忙之类，可试着在能够支配的时间里做一份兼职，自管自地为生活造一点新意。

下班后，摆一会子地摊，可好？结收了一天的工作，你手拎着大袋，或者充分利用起座驾的后备箱，带上各种物件，去到街心夜市，或者就在自家门口，以卖者之身融入夜空下的灯火颜色，松弛而新鲜。沉沉的傍晚，食过了饭，来街边坐一坐，散散步，是常人的常趣。以往，你也是那闲逛大队中的一员。现在摆摆地摊，或许还能在赏夜之余赚取一点点钱，蛮不错的事情。某日开始，你交换了身份，心理需求虽跟着生了变，然因主打图乐子的一张牌，商性的那面到底显得淡然。你不时把玩自己转买为卖的小商品，招呼光临摊位的各式人客，亦看看往来的不顾之客。无需太过忙累，顺着简单心思，也可解解白日疲乏。

周末里，做一份家教，如何？工作五日下来，该是放松之时了。也许，你喜欢留在小窝中读读书，做做家务，或者出门去短途旅游，在周边地方览一览风景，购一购物。人们常说寓教于乐，如你有能力找到一份家教来做，让自己尝试寓乐于教，或许，你和孩子皆会以这每周末的相逢为悦事。尽管并非专职教师出身，但我们都曾专职做过学生，用真心换位思考，便会去琢磨教学相合的方式。可能你一直欣赏当年上学时的某位教师，那就效其讲授方式，尽己之能讲文，尽己之力解题。及至报酬到手，所得亦有含义。若是你掌握某种乐器或者某种语言，又寻到有需的学生，这样之教则更能发挥你的特长了。虽被呼为“老师”，何知我们不会从小孩子身上悟得什么呢？

空暇时，当一回导购员，怎样？也许你的正职非为朝九晚五，而需倒班，如此，找一份与工作时间互补的兼职，让自己近似于平分两种社会感受，收两份薪水。商场柜台导购的工作且算作参考选项。女生可练着推销服装鞋帽，男生可试着售卖电子产品。做好了与商品相关的信息储备，销与售之过程，其实含着与人打交道的艺术。你会遇见各态的消费者——有比价的就有选质的，有重表的就有察里的，有粗意的就有细心的，等等。善于据不同人表现出的不同性格特点，以适合方法应之，此中当然有一层心理学在起作用，待你摸索与总结。不管取哪般销售之法，过于直接赤裸的言行，一般难于达到目的，亲和力，终是合乎人们逐渐适应接纳的规律。柔如能克了刚，那么取柔时也能自有其法吧？此亦为人与人相处之道。每一次买卖成交，收获提成居于次，锻炼之所得最是无形之财。

一份正式工作，会有这样那样的不如意，却也有某些中意之处，使你不愿失去，至少当下未甘离开。为着种种原因，可能你较为喜欢的事情难成主业，或因之收入不高，抑或因之只适于兼职。那么，选在业余时候为之，不失一种生活调配。要是你的工作无法摆脱与电脑手机相伴，择一项副业，便尽量远离它们，分别开来。兼职也可以调换去做，每份不一定久长，人生有限，贵在体尝百味。于变化之中享受自我挑战、自我奋斗带来的价值，会更充实。工作以外的时间好像散落之沙，将其收聚，你就能为自己造一座城堡，里面说不定还会有一个童话。

以赚钱为节点，做几份工作，付出辛苦之劳，开怀还是在收金一刻。习惯得愈快，往往厌倦得愈快。以体验为目的，人之感受最重。就像演员这份职业，可助其高仿真地体验到多种人生，前提却是用心而为。以演戏来演戏，仅图左出名右得利，那么，艺术的体验能值几何呢？

生命之纵向宛如一条线段，有始有终，长度既定，人力无能超越；生命之横向却好似一条直线，能无尽延展，在于每个人自选。当线段与直线纵横相交，诸如做兼职这般多色多姿的岁月经历，可令生命讨添厚度。

找寻同桌的你，一起聊聊那些年的故事

你是我同桌的你，我是你同桌的我。毕业多年，我们是否还会记起曾经同桌?

大学是相对自由的学生时代，连不是固定上课座位，那种曾被老师安排的亲近几为室友关系所代。同桌情谊多还是集于小学、初中与高中。在单行为座的教室记忆里，旁侧走道分了左右，倒不免使前后桌情更近。倘说同学聚会有你不愿对面之人，试着寻来当初同桌，你们一起聊聊那些年的往事，亦是桩青春温慰。

若同桌的你们同为男生，或可在一爿酒铺里对饮侃旧。那时候，你们也许是成绩上比学的对手，也许是篮球赛时合作的队友，更也许为着某个女生而互积敌意。再次聊起这些，事事依旧，而举杯的当儿，未觉那些涩楚早已随风飘逝，只沉淀之美好久难散开。回忆，任是泛黄也断不肯老去，有如玻璃杯内金色啤

酒一般澄净。个中点点气泡是那些专属男生的喜怒酸甜，尔今想来皆是少年路。谈笑间更添了年华似水的叹怀，恰杯面一层白色浮沫。你们脆声交碰不止，将所有味道一干而尽，亦或许夹带着几分男儿哽咽。

若同桌的你们同为女生，或可在一间咖啡馆里慢饮忆旧。你们携手笑说一向别情，另有一番意趣。聊起当年一同写过的作业做错的题，一同唱过的歌追过的星，一同私语过某些男生，甚至约好课后同赴洗手间。温言款语间还似当年眉目。食则同桌，行则同路，多少个一同为之的旧事好像此刻咖啡与咖啡伴侣，两者交融成一味。还有那些个闹过的小别扭，一连几日皆不讲话却终能风飞云散，重归于好，如今看来唯是念怀少女的情态了。年龄日益加长的你们，又是否渐趋静享咖啡式的优雅女人味呢?

若你们是异性同桌，或可在一处茶庄里细饮话旧。睽隔多时的他添了多少变化？好久未见的她还是旧日气质吗？聊起各自的得意与失意，转一圈，总还是回到了那些年。课桌上一道时有时无的“三八线”仿佛是男女同桌的永恒话题，你们当然也不例外。故事许是早已模糊，重又拾起琐碎枝节，某个神情却依然可以印在深深脑海。也许他的惫懒曾令你清泪湿鼻，满腹挨欺之委屈；也许她某句不经意的话曾点触你心，一直受用至今。这样的过往说不定还隐着彼此纯纯好感，因之从未拥有，故而谈不上失去。多年后，一切之本真仍就在那里，如同品茶，回味无穷。

同桌提炼于同学，其语入耳曾是你每日习惯的声音，熟识而亲密。有一天各奔东西时，你们微笑挥别，到底一别无期。直待真正懂得在意与伤感，面上心间定是有了岁月痕迹。在生命的时间轴上，人们自不同之路而来，交聚一点，共同前行一段，至分岔路口各自分开不再交聚，此便是人生之过客。你我生活中太多过客，彻底失去联络的同桌即是一类。你也许有着各式缘由不与之见，反过来，也正因着这些，你当与之一见。我们对着自己无价的青春计取寻常得失，莫若纵情怀恋，那种分别太久的重新交聚，有一抹灿烂花火，只就一次，亦是纪念。

古语云：“编新不如述旧，刻古终胜雕今。”若仅以偏狭之意作解，旧事旧物终有一股沉静力量。今时如何惜今，与今时这般感旧终究是两番情怀，而今日之所有且留待明日来感吧！

找寻同桌的你，一起聊聊那些年的故事，光阴弄旧了情谊，而你刚刚好在这里。

离开自己的窝，到朋友家住几日

就像邻家烧菜的味道透窗徐来，不经意嗅到时总觉与自家有别，或许，住到他人家里，也会与住在自家有一些些异样感受吧！要是你觉得生活环境单调了，突然想改换改换心情，那就简单收拾下，离开自己的窝，到可以相互信赖的朋友家里住上几日。有时候，在某些小事上想起一出便是一出，亦没什么不好，来得急走得快，倒能略去一点犹疑。

拎包入住闺蜜或者兄弟家，你会在第一时间发生何种情绪反应？即便自己曾到这里来吃过玩过，但现在这份暂要落定的意思毕竟不同，有一抹将亲未亲的新鲜。当你们两人的生活叠合之后，你与这个家的各种密切接触随即开始。

习惯了自家的沙发硬软，电视大小，而在此处客厅，沙发与电视之距被增或被缩，看着同样的节目内容，却像是有讲不来的微变。吃一吃朋友烧的饭，嘉许几句，半正经半玩笑，便一方心间满足，一方腹中饱足。交情如铁，作友人之客，真个松弛自在。浴室里的洗刷刷都是相同作用，也还是你自己的程序，可镜子正提醒你，新背景正在身后。眼睛对灯光亦不那么熟悉。舒展在卧室中，你很对床上的配色有好感。大床只顶端紧挨墙壁，从三边都可爬上去，没有在自家蜷睡到墙角之感。壁纸的图案多了些许热烈，倒是符合朋友的性子。移动了看风景的位置，窗外也有另一番夜色。有新意的视野就在有变换的视线里。连日下来，朋友家中的所有渐与你相熟，却仍存在几分距离，这种感觉真真是好。就像大家常常奈何的那一句“人生若只如初见”。

若是你的朋友和家人生活在一起，你住进来，也能体受到一种家庭氛围。其母点状的疼宠，其父片状的爱怀，皆入你眼底耳底，汇入心底。旁观着别人亲情中的温暖，不禁感念起自己父母素日点滴，你会觉得，天下之真心与真意是这般相隔而又如此相似。亦可能朋友家里还有祖父母或者外祖父母共同生活。隔辈亲格外亲，可朋友也许早觉被这些爱包围得习惯了。老人的作息通常很有规律，早起，买菜，锻炼，读报，听戏，午睡，吃茶，串门，散步，早睡。那简而有味的生活或可勾起你回忆，想到自己故去的长辈，思及旧日悠悠如斯，惆怅不已。

去某个城市游玩时，你可事先联络好，住到某位大学同学家里。又或者是与要好的室友未在同一城市，你因惦念而想去探望。几年时光朝夕相处，同窗的美好情谊里不乏更有几个深交朋友。虽已很久未面，但网络上电话中，你们时有交流，互知近况。重逢，依旧明朗自然。一身远道风尘的你，很可能是第一次迈入朋友家门，新地故人交织在一处，怎能一言而尽？住在宾馆，那种不同层次之享受是行程中的消费结果，是种陌生交易。宿在友人家，你们聊得山南水北天长地远，畅叙着昨日清梦今朝飞花，有回叹，有怀惜，有迷愁，有冀望，一并致于还在路上的青春。

家的感觉，说得熟了，是每个人的避风港，再讲得实点，便涉及某些摆设布置，日常习惯，甚至于挥之不去的某股味道。家，可以非常省俭，纵是租住的屋舍，也为居者之所，有一铺被需要的床在房子里，那房便是家。与你家相比，再高再低再繁再简，皆是别人家，是别人的生活。因而，去朋友的住处小试一回，放下这点，捧起那点，将注意力转移到不习惯的地方，也很有趣。比如在单位办公室里，我们总在属于自己的位子上忙闲交作，日子久了，乖乖适应着这一角度，看人看景都在此。偶一换位，视角里亦会有种骤然的生疏，是耶非耶？是也非也！

到朋友家住几日，或能更了解朋友的生活状态。也许有些事情你从前不晓得，也许朋友的一些习惯令你颇为诧异。这也是距离拉近后不可避免的了解。所以，意欲全面了解一个人还要与之生活在一起，此话亦不无道理；所以，因误解而结合，因了解而分开，正是言及那些无法融洽的感情。不过，真正的朋友，彼此间宽忍尤厚。改日，你也可回请友人住进你家，来一个主客互换，各自收获。

住罢归来，依着朋友家你喜欢的什么，在自己窝里换换布设，调调饮食，亦算作后续跟进。从A到B再回A，是一种选择；从A到B再到A+，也是一种选择呢！

学一点小魔术，在朋友聚会时小显身手

与朋友们来往聚会时，在交谈的正经之外，你们以何娱乐呢？习惯了老段子，会否欲求来点新奇？若你将学来的魔术表展给友人，应会有不错的效果吧！

关于一般的魔术教程，你可去查索，见诸网络或者图书音像等。很多近景小魔术能淡化距离感，更添亲和力，又简显易学。如你初为，选此便好。

一颗红暖暖的海绵心在你手中，紧握或是松开，其实它都不会变心。置于桌上搓揉，揉着揉着，忽见一心生出二心。你将一颗攥入自己掌心，另一颗塞进朋友掌心，再两拳相碰，两人同时打开，你心已飞向朋友那里了。对方也许还会颇为讶异这心有所寄的达情表意。

咬掉硬币又还原？这听起来有点没可能。你在他们一半是怀

疑，另一半还是怀疑的怀疑中，随机接过朋友的一枚硬币。一番造势过后，“咯噔”，你一口咬掉一角，正在他们不解之间，你淡淡一吹，又恢复了硬币的本来之圆。轻描而淡写，再将其归还到朋友手里，大家传看着这枚硬币与起先是否有异，然后依旧怀疑，疑才几日不见，莫非你练就了铁嘴钢牙不成？

纸牌魔术虽是旧一套了，但扑克毕竟便携便演，内中之法尤繁，仔细学得几招，也算是有了经典魔术的底子。单手变牌时，你的手中从无牌到有牌，再从有牌到无牌，就这么虚虚实实来来回回，任它缭乱人眼，却不动你思。或者，变出一张旋即抛掉一张，如花雨般散落下来的，有弯了的纸牌，还有你浅笑里的从容自若。双手变牌时，将一牌变去并另一牌变来的戏法，是种换取。当朋友们的注意紧紧附在原来那牌上，你便暗中完成。待到“摊牌”，已然无迹可寻，纵使在过程之中，亦可寻无迹。猜牌时，据某些设定条件，经一阵摆弄，你猜到了某个人眼里的那张牌，就像是某个人被你猜中了意欲人知的心事，有一份惊悦。

还有许多有趣的近景小魔术可学，你的表演难度愈高，彼时的气氛愈会被带动起来。当然，这也需你下点工夫琢磨领悟，由生到熟，经熟而巧，兴之所至，亦不妨加入自己的原创元素。哪一天，你将练成的小魔术在友人面前变出来，会瞧见他们愣神，诧然，皱眉，撇嘴，会听到他们不同的意思：“快说怎么变的呀？”“再来一遍吧！”“一定是……对不啦？”于每个人眼皮底下的不可思议，大家更要去思议。

观魔术之变者，先是奇怪这变化，后就本能地想搞清楚这状况。然而，类此般之欣赏，本身就很有视觉上的快意，惟赏之就好，何必一五一十定要弄明白真相呢？其实，你我也略略懂得，观者好奇的表象里，无非是用尽机关。魔术大都善以障眼法，移花接木，那假假真真的交穿，也是其之魅力。正像品读某些古典诗词，最是妙在解与不解之间。解义朦胧却并未能妨害美之享受。事之语焉不详，或是有各种缘故不愿使其详，但情之哀欢愁乐却是人我相通，大约作者更望读者能晓其情意而非知其事事，谓之共鸣。一味求字释句追事实，或许会为错解而困迷其中。是故陶渊明“好读书不求甚解”亦为好态度。以情入思便可自在移转，王国维之三种境界说即未有拘泥束缚在词之本意，却无人不感其境界高旷。我们看魔术为的是孔雀开屏，无求望见它的身后。

不过，一旦角色调换了，你决定从观者转向变者，一切随即不同了。想要变魔术的你了解到个中玄机，连道具也千奇百怪的，极有意思。由此也知，能被变出的一切，都是先有积存才有表达，正如人的知识储备，偷懒之果就是用时恨少。当神秘感渐渐消散，取而代之的是投入到制造神秘的兴味中。接触了魔术，你会发现，道理其实就这么些，很多东西玩的是一个“快”字。手法灵活与眼脑的彼此反应配合在一起，加之必要的心理素质，方令表演成无缝之天衣。直须你深究体味。魔术是与人交流互动之物，是变给人看的，因而学一点小魔术，在交际时小显身手，他人有赏赞之乐，你亦有心满之趣。仿佛自己烧的饭菜被夸许美味，你陶醉在食者的饱足里。恋爱中的人，特别是男生学点魔术，不时给予亲爱的她一些变幻的浪漫，兴许还会对小小吵架有所助益呢！

世间所有称之奇迹的，皆是对事情的一种无法解释之解释，就像人们喜用缘分来说明那些讲不清的关联。那么，“见证奇迹的时刻”，你会站在哪一个角度呢？

打开网络，与陌生人聊谈

与陌生人聊谈，似为有风险之事，其实亦看如何解读。陌生人是一个简简单单的起点，除却亲眷，我们与他人相识皆由此起点而起，只不过生活中某些限定条件是多数人离不开的安全感。若以相关条件搜索，于茫茫网海之中遇见你想遇见的人，这份有缘的陌生，未尝不值得体验。

你可以在网络上寻觅与自己同名同姓之人，大约常见的姓名会有更多回应。也许你能在其中

找到不同年龄和性别的人，与他们在一起说说彼此的姓氏随父随母，或是名字取定时的小故事。如觉与其中某位相言欢畅，你也可与之多聊上几句，一回生二回熟也未可知。

或者你在网上找到与自己同年同月同日出生之人，一起聊聊你们降临的时辰、地点，产房内外的趣事。当初你们在同一天与这世界相见，多少年后彼此又因着缘分说起那些，似是冥冥中一次安排。同龄的男生女生之间总是有着共同的成长记忆，从学习过的课本到摆弄过的玩具，再到曾流行的种种，不乏更多可伸展之话题。千里网丝牵人情，聊到兴浓处，也说不定下个生日你们会记挂对方，相互祝福。

又或者经过一番搜寻，你在网上见着与自己志趣相投之人。你们聊聊共同爱好，谈论谈论观点，交换交换经验，也许会就某个问题受到对方影响，拨开了思路。结识到忘年交亦不是不可能。另外，如你正在学习某种外语，还可在网上寻找国际友人并与其攀谈，既能提高语言实用能力，又讨添到一寸异国情，使你的学习之旅更富立体性与亲近感。

网络是虚拟的，因其

以诸多未知而使人相隔。也许你的潜意识常渴望新鲜交流，却又下意识地于此心存戒备，故而失去了一些体试新意的机会。倘使你有选择地投入一点兴致，就会发觉，网络其实也是一处平台，一扇晴窗，可促成人与人的良善往来。手握生疏中的一缕缘分步入其里，这小小关联，或能稍稍缓解那种既渴望又戒备的矛盾心思，或许能拉近常人间陌生的距离。

虚实相生的接触过程，到底与在现实中结交朋友是两种感受，无可互替。渐渐地，你可能会习惯此种全然的陌生。被地域分开而又在网络同行，这有别于生活中所有关系，不用去过分在意表达的艺术。如是素面相见，像在倾吐又像在自解，像在倾听又像在自省，这就很好。兴许还有意想不到之获。

我们对着网络世界适当调低内心警戒线，是为了接收到附加的阳光和水，但也并不等于失去自我保护意识。像这样与陌生人隔空来往，终究是我们自己可控的事，依着具体情境，从来都是进退自如。凡事皆有度，与网上陌生人谈天说地，其初衷是松弛身心，是调剂彼此的生活，而这样的方式本身可以成为一种常态。对于无法满足一定条件转为现实关系的关系，无必要依赖和强求，过分沉陷其中只会为自己加重，得不偿失。当然，亦有很多朋友是经网内延展到网外的，一般要拉长时间观察了解，才较为妥当安心。

通过网络与陌生人交谈，聪明的你会收其愉悦，不会为其牵绊。

感受文化沙龙的气息

若你正和自己的躁动在一起，读书，或许会使心脑安稳下来。若你正和自己的寂寞在一起，走出门去参加文化沙龙，与更多人交流，或许会收获更多。

沙龙，是源于欧洲的一种聚会形式，原是贵妇们的客厅社交。与会者皆意趣互投，定期相约，于优雅氛围里谈论着文学艺术等等话题。此种优雅的会友方式，民国知识分子中间亦有近似情形。北平三十年代，梁太太林徽因在自家客厅主持的文化沙龙便很是出名，一些圈内高知常为其座上宾客。

时至今日，文化沙龙已更多转向特定公共空间，如书店、文化馆等。许多陌生朋友彼此聊起图书，影视，音乐，美术之类，以言谈交换见解，沟通想法。有些地方还经常举办文化名人讲座，专题活动，是一处颇有品气的大众精神交流场所。拣选你较感兴趣的文化沙龙参与其中，放松放松自己，沿房间走走或者依书架看看，室内摆设如家般温馨，又见着很多年轻人在这里聊天，终究有别于家中之感。你取出一本书打开读着，阳光映射过来，好像纸页上每个字都拉起影子，满是柔软的温度。或者你在轻饮咖啡之余，就书中某个观点与几位萍水相逢的人坐而共论。在某一次主题讲演中，也许你能有机会近距离聆听自己欣赏的名人，与其讲上两句话，或者就此专题与旁人交谈得意犹未尽，更激发了日后常来的兴致。

绝大多数人的本意是渴望交流的，只不过要求不一样罢了。当性孤者自认为遇到了甚对之人，谈论到有来有往，更觉兴奋。如今，文化沙龙便是一种交流媒介，有成就的前辈在此分享，有志的年轻朋友在此为自己打开一扇窗，汲取营养，提高素养。我们的知识常从书本而来，又需在实践中不断灵活运用，方成为被消化的道理。一个人的知识未必等量于见识，对外交往是经验之累积，使我们更好地清楚自己，了解别人，学会处世。与志趣同层的人汇聚一堂即是归属，就算陌生，也不妨碍多多交流，有益于你我拓宽界野，增富思路，获取认同。

在“谈笑有鸿儒”的地方，古人常一起对诗对酒对人生，无尽雅趣。是日上祀节，兰亭畅会处一派山水自然，“群贤毕至，少长咸集”。对景排意，忧乐共生，惹一番高远之怀。道合者相聚一事，古来有之，聚在一境，则此境长使人交而有思。环境于人的影响竟是如此之重，亦有孟母为子三迁为证。在有一定层次的圈子里接触新的人和事，我们会潜移默化受环境感染，这领域也会因年轻元素而更有热力和新意，继续为参与其中的人延展空间，促成好的循环。当一个人具备了价值判断能力，懂得选择以文化熏陶调适生活，在符合自我意愿与情趣的环境里享受，便觉身心愉悦，舒服有加。

你我皆行在单向的路上，不停擦过两边风景，让自己慢一点，再慢一点，是为了遇见更多有价值的分享。也说不定，我们在路边轻嗅一枝带露娇花时，会望见小路那头幽远的景致。

扮一扮餐桌上的配角

人人都有自己的生活圈子，在这个相对熟悉的领域里，你常常会是最真实的主角，与亲近之人彼此分享着寻常的喜怒愁惧。然总有一些场合中，我们当是稍退为宜，微微叠收，作起配角来。此一配角，亦需用心来扮才会有所获得，使自己未虚此行。譬如——扮一扮餐桌上的配角。

当你为着某个主题，与一干人在外同餐，自己又处于轻浅的位子，即是配角的很好角度。也许，你会在此席起首之时听闻相关人物的开场白，像是启宴的腰封。人们应声四起，情貌的层次倒也不尽相同。待一桌一桌坐定下来，各类菜肴逐一亮相。这一回，你不急于动筷开口，意欲细细地凝注餐桌。美味的热度在盘底凝结，香气从盘中菜隙里悠悠曲曲地冒出，赤橙黄绿散发着油亮色泽，有几分乖巧，听从旋转的快慢走停，投入食客碗盏。大家提箸动唇，然后有了你我他的舌上交通。少顷，你周边淡淡流露着身经百宴的亦不乏其人，大约是一味漫不经意的挑剔。

款款宴席皆有其档位，而酒文化养出酒情绪，其之激烈，为许多席上一枚丰满的话题。你抬头环望，室内灯光或黄或白或红，投映在液面，凝成一个光点，隐隐泛着持杯人的笑颜，一腔腔阳气盈怀。那杯中物亦可分作黄流，白流，红流，觅见对应的时点与位置，一经爽脆交碰，便越过安然灯影，直趋向怒放最深处。你身在其中，思在其外，一切似有如无。其时，或有烟星明灭，云雾缭绕喧欢，透过寂寞残杯，也许还有某些被热情过了度的红意人面。这换盏推杯之际，不管是男是女，无论真因与假借，不多饮到底是不和谐之拍，往往惹却劝杯者不以为然。如是，众人呼来唤去，未能在盛情中把持，便要在礼让中倒下。你可是酒力非凡之人?

每每我们扮上聚会的配角，感受似更为清楚。因之主时言多，配时话少，遂更以观听为要。当然，若你非常健谈，未甘成为绝对之配，随性亦无妨。这般聚会宛如一扇小窗，窗内每个人的状态并不恒定，只要用心留意，便可透过它观览社会，碰触世事，察解人情。有着命题的一餐饭不仅仅在于吃，也许那些观察后的理解，理解后的判断，未必是如何系统的思考，你可能会随时想到什么，又似碎片一样散落。有时候，餐桌就像是交欢戏局，缩影了虚虚实实的繁华光景，为一番江湖规则，一回感情游戏，一场人世交易。有时候，慨叹便是，餐桌上众人之热闹确能破一破素日言难，然这短暂的程式化融通，在穿越满场聪明而又糊涂的欢喜之后，多有轻描淡写，一拍几散。

“世事洞明皆学问，人情练达即文章。”倘若你愿意从世事人情之中读出点学问文章，就在宴会中扮一扮配角，是个间接亦直接的选择，既领食之味，也领人之味。其实，学会当配角，在此中又学到东西，这本身并不是简单之事，首需调整好我们的心态。就像大明星与小演员共同出席某活动，所有焦点无疑要停在对闪亮明星的各种拍照与追问上，那是媒体理所当然的关注习惯，职业习惯，生存习惯。于配角来讲，尴尬的落差如果有，抖一抖也就掉了。主与配总是近在咫尺，或许闲人更能看明白局中局外，横竖是个配，不如配出自己的快乐，也是价值。公用舞台就那么大，不论有无机会成为那个期盼的中心，你我都是自己舞台上的唯一，身边总还有欣赏在乎我们的人。烦了，累了，你也可肆意唱一出独角戏，为自己解闷，为自己遣怀。

生命是一个从不间断的过程，累积着，迭变着。如能懂得充当配角是为诠释主角做铺垫，你便会用心珍惜并扮好属于自己的每个小角色，脚步亦会迈得更稳实。不期成而自成。

尝试角色转换，做好自己

生活的舞台上，许多人都不只扮演一种角色，在家庭里，在朋友前，在工作中，在社会上，可能随时需要切换。真心演好属于我们的每个角色尚得动一番心思，因而经常忽略他人戏份。其实很多人事与你我不无相干，尝试某些角色转换，以此同理心，或更能做好自己的角色切换。

假使男生将几斤重的沙袋固定在腹部，就这么时时与之为伴，过一些日子，你可耐得？自古女性受孕生子乃天经地义，然聚焦到每位寻常孕妇身上，十月怀胎，个中点滴亦非易事。最多见的结果并不一定出自最容易的过程，容易的，且是俗世对性别要求的习惯。

假若男生把家庭与工作兼顾起来，顾全得内外刚刚好，你会否体尝到另一味辛劳？分担了男人的经济压力，不依附不强势亦不无理，物质精神皆能自立的女子，如何不值得欣赏与尊敬？

假如女生停止唠叨埋怨，丢不顺与不快在家门之外，你能承受多久？肩负社会责任与家庭责任的男性，其实很累，又偏偏惯于选择性表达自己，亦有时念图省事，倒招致更大麻烦。女性放任自己疑忌的心魔过度生长，莫如播撒关怀的芳香。

为男或为女，是每个人早已做出的非此即彼的被动选择题。在性格特点、思维方式及审美观念上，两大群体总是有不小之差。男女之间与其互依而互斗，何不尝试着转换性别角色，有意识去靠近对方常为的事情，将自己置于彼处考虑问题？日的晴光里，月不过在隐，月的清光里，日只是未显。男女如日月，永远同在，各有亮时，各司其职。

生产与消费是社会两大分工，转换两者角色，大家能否多一些将心比心呢？那些无孔不入的不安全食品生产者，倘使其家属无意在享用这些黑心制造，两处知情后，彼此会作如何反应？引不来任何触动的，已是道德尽丧，而对于有罪的性恶，纵能收之法网，法律治得标，未必治得本。其实，生产者同时是消费者，害人的利己，怎比利人的利己来得安心？心焉能以钱换？

写书与读书亦有生产与消费的关系。写书是图书生产的重要一环。或许某天，当读书者变身著书人，能够一字一句写出有质量的书，定是辛辛苦苦，也就更觉盗版可憎，也就不觉买书不值了。一张电影票的价格能抵两三本好书，我们并未吝啬，而好书本应与好片价值对等，事实却是，有的电影本末倒置，倚仗营销剑走偏锋，制造卖点，求反向思维赚取市场。很多有深度的艺术电影，常因小成本小制作小演员而少人问津。究竟是消费市场流俗，使一些生产本能追随，一些生产环环无奈，皆以迎合换取生存？还是生产的自相竞争与不利导向，加剧了消费低俗？

管理与被管理是常见的社会关系，城管与小贩便是。小贩者，小本小利，本为弱势，对城管的态度，却从先前的躲避到如今的时有对抗，多因城管粗横的工作方式甚至执法不公，很可能使积怨的弱势方产生反作用力。若角色转换，小贩会否觉得工作苦辛，城管会否觉得底层艰难？如果政府提出从管理型向服务型转变职能，那么基层管理者放下身段，与被管理者拉平视线，也许很多矛盾会有所调和。交警与司机亦如是。驾驶人皆应晓得，道路自有规则，生命开不起玩笑，如你站在路中指挥，是否以为自己多余？当交警驾驶着警车，同样也有一重司机的身份，如不束己，持双重标准，岂能服人？

我们尝试角色转换，实际上是进行换位思考。一味在小我里愈沉愈深，不顾及他人感受，难以懂守世事的道理。所有关系之中皆存差异，理解是最好的态度，只要未触碰底线，便没有不能妥协的利益。

怀真诚之心，给名人写信

你有没有自己较感兴趣的领域？是时政或历史吗？是文学或艺术吗？那么，有无想过给你感兴趣的领域中你感兴趣的名人写一封信？还是你也希望就自己当下的困惑迷惘得到前辈拨点？也渴望与那些职场达人、商界精英、公众人物沟通交流？如你曾写过信与他们，是否收得了回复呢？还能记起往来的内容么？

不论你是没想过写信给名人，还是没信心去做，还是昔日去信石沉大海，这皆非问题。只要你我内心有追求，梦想的地图便会慢慢被拼出。

寻个清静时刻，放上一段舒缓乐曲，理好自己的思绪。打开电脑，点入某位名人的微博或博客，通由私信或留言给其写一封信。如能得到其邮箱地址，亦可把信发至电子信箱。如能得到其详细地址，还可手写一封信寄去。如条件具备，有机会登门造访心中尊崇的名人，便可将信亲自交付其手中，纵能程门立雪，亦为幸事。唯要你想，唯要你坚持，完成一件事情的方式总有诸多选择，殊途同归便是条条大路通罗马。

如只为着写信而写信，慌不择言，急不择人，皆是冒失。试想，若我们于收信人尚无必要了解便下笔写信，免不了想当然搞错一些东西，更免不了自说自话，那又如何得到对方尊重以至于收到回信呢？好比请明星签名，被其反问竟说不出或是说错其名，尽管还可启用见到活人后过度紧张之类作为张冠李戴的解释，被乌龙的人却少不得尴尬，甚而至于扫兴。不过几次过来，有的明星也就习惯了。其实，先来了解哪些名人的观点言论与你志趣相投，再确定自己欣赏之人，认定欣赏缘由，是较为理智的判断。此一细心观察亦是思考的过程。

写信给名人，大约分作交流信与自荐信，有些二者兼之，再不然就是单纯表达对其的赏慕之情。交流信重点在与之谈论观点，讨论问题；自荐信则略有千里马寻访伯乐之意，渴望得到赏识与推介，以获更好发展机会。当然喽，到底我们归属何等马种，且是有眼光的伯乐为定。在信中，你当清晰凝练表达出自己去信之意，信的内容过短无意义，过长无必要，适中就好。谨记要以谦卑之态，特立独行并非狂妄自大。以此要求妥帖写好一封信寄给名人，这写信本身即是一种修行。

至于名人回信与否，很多时候同其经历和性格相关。如你能够收到回复，不管信之短长，皆是幸运。如那回复足以改变你什么，兴奋过后该晓得这仅是结束的开始。不过，我们亦应明了，若能事事如愿，失败便不会被称作是成功之母了。没接到回信时，清醒的内归因永远好过盲目的外归因。行路之余，记得闲下来多多反省自己，于人生何时何地皆是必须。从名人角度讲，也许因种种缘故并未看到你的来信；也许因其太过繁忙抑或收信太多而你的信未能引其兴趣；也许因社会终是存在信任危机，背对背之交流使其心存戒备。你收不到回复，却收到了时间寄回的失望与落寞，这般感受许是你的收信人亦曾经历过的。名人所以成其今日，绝大多数皆有过艰辛付出与不为人知之痛，“没有人能随随便便成功”，亦没有人必须要回信给我们。这番切身体验与换位思考，便是你人生的多味领悟。

给名人写信是希望，待名人回信是殷望，然听不到名人一对一的声音却不是绝望。我们不可轻易怀疑动摇自己，也不可放弃本初的方向同努力。于自荐信讲，如坚信自身实力，或再尝试另投他人。适当调整，适时重来，亦是制造机会。然无论如何，这世界真真没有捷径可走，纵然寻到了适合自己的路，也要有一番跋涉。对于世事，获取若为修炼，广泛获取则为终身修炼。

名人享有社会的一些公共资源，许多名人于自己成长路上也有给名人写信的相似经历，不足为奇。将来某一日，如有机会与你曾写过信的名人面对面，微微说起那件岁月往事，这笑谈便是种温暖，亦是种善缘。

尽情挥洒，给未来的自己写封长信

晴朗的午后。在桌上铺开纸笺，取支笔，蘸着和煦阳光，写封长信给未来的自己。如你想早些时日自我对话，便把信写给五年后的自己。如你期待敛集更多成长印迹，则把信写给十年后的自己。不论五年、十年或是更长时间，跨越时光与自己长谈，当是件怀趣之事。

于收信人处，放慢笔画写下自己的名字。心律节拍随之平缓，思绪亦随之打开。此刻的你是一个不折不扣的自由人，拥着由表及里的绝对自由，随心起笔，随意落笔，不被要求。纸上这片庄园便是你的心灵净土，就此埋入自己的喜怒哀乐吧！

你目今的生活状态是什么样子？近期发生过哪些兴事和恼事？抑或正在经历何种迷惘与焦虑？关于学习、工作、生活、感情，你有哪些收获，哪些计划，又面临怎样的选择？诸如此类，俱是自我谈天的话题，请尽情飞笔，多言无忌。这写信本身便是一次释放，你会有一番特别感觉。

在信中，我们大可如孩子般放任自己。如此，今后读信时，纸上虽不再有新鲜明媚的阳光，却依旧有着自由的气息。或许，未来的你会眼带笑意，用彼时之生活来回答此刻之自己——你还会因那些凌乱语法而一头雾水吗？是否确认了热爱所在，要终生为之付出？那些难以承受的压力，于今又如何看呢？还会因当时的某句话或某件事而记忆犹新吗？那些恋爱的味觉还甜么，失恋的触觉还痛么？婚礼上身边那个人，还是你曾经的笃定吗？

信毕，于寄信人处，再次放慢笔画写下自己的名字，记下日子。也可以随手来几笔小小图画，或是你喜欢的任何标记。再把信装入别致的信封，注上拆信的某年某月某日，置于重要地方，以备忘录或者小贴士之类，每年或是每两年为自己设个提醒。常言道："时间能冲淡一切。"走得太远太久，你当在途中以自己的方式告给自己，勿忘曾那么认真为自己写过的长信，不要错过展信的日子。同时，我们还可瞧瞧，一段时间后，自己的好奇感是否会追随对长信内容的渐日模糊而递增？然无论怎样，都不可提前开拆，因着这信，亦是你我对自己成长的一份诺言。

我们常思与他人顺畅交流，共他人和谐同处，因着每个人皆需存于环境。唯有孤身面对自己时才是最真一刻。然感觉无形，大多追年华而淡。未来，当我们踏过岁月，回望来路，欲触摸那些痕迹，曾经某个时点写就的长信便是真真的依凭，陌生又熟悉。今天写信的我们，如能放逐情绪起伏，定会录下自然的文字。日后转身时，历经过的悲喜，很可能远不及亲临其境时那么清楚，故而尽量在信中细致描述当下正在咀嚼的忧乐，看看将来自己拆了信，还能于往日文字，勾起几分当年感觉?

人生不过是一场演变之旅，自容颜至内心。看似周而复始的生活却无法逆流。只要行在路上，沿途便是风景更迭。在旅途无数驿站中选取两点相接，再寻常的光阴，亦有每个人不寻常的人事变迁。山河岁月几回改，冷暖唯有自知。我们终是需索自知自念，以长言行诸笔端，不交付任何人分享。这长信，且是连接一剪光阴的桥梁。

未来，待你我读罢此信，也许会叹念自己昔日文笔青涩如斯，也许会有提笔回信的欲言又止。当然，如你愿继续此种别样心情，亦可再写封长信，给更远的未来。

在特别生日送自己特别礼物

每年生日时，我们很多人会接收到来自亲友的礼物。那么，你送过生日礼物给自己吗？会否在一次特别生日时送自己一个特别礼物呢？

何谓特别生日？或许每个人有自己定义。如稍以大众范围来计，十九周岁那年的生日当属特别。多数人阳历与阴历的生日，在这一年会重合至一天，也可能有些人前后要相差一天，或因闰年闰月之故而有所偏差。阴阳历重合在一起的生日实为难得，错开一天亦可当作庆生两日，加之又是我们十八岁成人后经过的第一个生日，如何不特别？也许，你习惯每年送自己生日礼物，那就在十九岁这一次，准备一份有别于往年的礼物吧！

送自己一段旅行。提前做好出游计划，或只身或与家人友人去往自己一直钟情的某个地方。你在实景中感受着梦境，随意拍一些风景，随手写几句心情，散散淡淡，真真切切。生日就在那里度过，让相机存储你的喜悦、感动与满足。归来后，再将行程中所有票据、影像、随笔等等合成一簿纪念册。这一场期待已久的旅程及其有形的保留，便是你给自己特别的生日礼物。

送自己一个DIY。能自助的也是相对自由的。女生可取些漂亮花布为娃娃缝制一件小旗袍，或是学做几块像艺术品的手工香皂，宜用宜赏。男生可放任个性为自己设计一件文化衫，或是组装一个喜欢的物件。有学习亦有再造的过程很是美妙，新奇创意萌发脑里，落定心间，实施手上。自造而自享，是一次不折不扣的自我呼应。以这样的礼物祝福你的生日，又添了一份不一样的收获。

送自己一套写真集。这写真未必高档，也抛离所谓修版，能写下真实的你就很好。于常人来讲，太过艺术化是失真，是浮空的美丽，不能落地，偏离了拍下这影集的本初意义。女生男生都一样，青春便是容颜的底板，淡淡装点就很美，只是我们有时候对自然美还不够自信，总要过多依赖修饰。拍写真，重要的是你能对着年轻之心摇摆，尽情绽放阳光的笑容，为自己留照最真的一切。作为生日礼物，它既纯粹又无价。

当然，还有许多许多礼物可送给生日中的自己，完全取决于你的喜好。送自己生日礼物，不是没有必要的麻烦，也不是看到喜欢东西就随意为自己买下的无计划。世上好商品从来没个穷尽，如若底气未够充足又不注意安排，以生日的名义释放欲望，囊中很容易就羞涩了。善待自己是一种生活态度，一种精神慰藉，其重点不在物质本身。礼物终因有需要而有价值。正式与适度并未有矛盾。

我们通常在用心为别人筹备礼物，而忽略了也同样当以此心照护自己，尤是在我们如此特别的生日。懂得以实物表达爱己，生发自我关怀的情绪，是有益的自我交流，是这件礼物深深的包含，也是成长的痕迹。你我一路走过来，还要一路走下去，跳动的生命需要纪念，需要将特别的爱送给特别的自己。

若说十九年一轮回，人生难得几回轮。如你略过了在十九岁生日送自己礼物，就不要再一带而过未来十九岁的倍数了吧?

乘着绿意，采一枚桑叶作书签

择时郊外漫步，好天气自是亮敞。当微风拂过绿浪，你会否于其中认出那片桑树林？枝头垂下的紫红桑葚宛如一串串迷你葡萄，又那般柔润而饱满的桑叶绽如碧草，层层相依，很是惹人亲。若肯自私地据为己有，则拿来何用呢？我们常常翻书弄本，离不得的当是书签了，却较少引得关注的亦是书签。你也许会买些书签来用，或者随意找些小卡片夹在书本里。如此，便采下一枚桑叶当作书签吧！

细观这桑叶，绿得平和，像极了一颗有生命力的心。我们于心形的东西往往会有一种暖意。叶子边沿处处生着尖尖锯齿，也许正是春风这把剪刀为之吧。桑叶上一笔中线将桃心一分为二，似是对折即能重合。叶脉的纹理从中线分出，每条叶纹又各自派生出清浅细纹。一片叶子看上去蛮舒服，摸起来亦有凹凸感，闻一闻则摄入阵阵清香。有些品种的桑叶更是大如荷叶。

书签制作过程几近轻描淡写——把我们采来的桑叶置于水中浸泡清洗，再小心用纸巾擦净并裹好，夹入书中，这样书页就不会被弄潮弄皱了，上面再整齐罗放几本书以加重，待其水分完全蒸发后即是一枚书签了。你亦可拿去塑封，经得剪裁，依桑叶身形为其穿上一袭完全透明的袍，宜观宜触。干掉的叶子脆弱易损，而一道塑封工序使得桑叶作为书签的寿命更能持久些。如你兴味充足，还可参照叶脉书签稍加复杂的制作方法，惟留得桑叶脉络在，塑封上自己喜爱的图文，做一枚更类艺术品的精致书签。不过，失了易于辨识的绿色，总觉少了些许植物的气味。诸如这般源于自然的提取，或许程序愈简愈近得纯粹。

桑树性情温和，适应力强，故而广泛生长在南北各地。养蚕，拆茧，织布，制衣皆是乡间农事，而于养蚕人家，桑树当是宠儿。你瞧那呆头呆脑的蚕宝宝懒懒地在桑叶上蠕动，饥时吃起桑叶来饶有兴致，如静夜里三月春雨的沙沙声一般，细腻悦耳。旧时植桑饲蚕是许多乡下农人的生计，家家户户熟练地辛劳着，代代辈辈如此。亦听说有自家桑叶难以维持蚕食，又售卖桑叶价格因故甚贵，只得忍痛舍蚕的，使人怜哀。没了桑叶，就没了蚕宝宝，也就没了身上衣，由此晓得了桑叶在纺织上的价值。当你把一枚桑叶作成书签放置在洁净的书页之中，白色同绿色瞬间亲合，仿佛蚕宝宝与桑叶的亲密接触，书上的行行黑字更像是蚕宝宝身子上的节节分界了，却是蚕多桑少呢！这一枚桑叶书签竟打开了我们如许心绪，真是思之入深的斤量。

饲蚕离不得桑叶，《陌上桑》里的少妇罗敷亦喜蚕桑之事，其诗曰：“秦氏有好女，自名为罗敷。罗敷喜蚕桑，采桑城南隅。”古代佳人美妇读来一如昨日，而美人劳作似更添一美。美人如是，连鸡亦是近桑啼鸣。《归田园居》中，陶渊明言之“鸡鸣桑树颠”，或许是桑树大多生得低矮，抑或今时之鸡未及先时来的利落也未可知。此番村景看似寻常，融入诗人笔下，便是田园生活的悠然一隅。把玩这一枚桑叶书签，能使你想起那些前时风物人情，亲切而温暖。

在我们的土地上，桑树的栽培历史很是悠久，算得是历尽沧“桑”了。农人采桑养蚕是创造价值，我们采桑作书签则是小小情致。把大自然之气息与书之墨香融归一处，真真可人意。

为自家附近的一棵树每周留影，年终体会变化

绿树净化着我们的生存空间，却已被视作习惯的存在。纵是你家附近有几株媚艳的花儿会在春日引你爱意，亦不过如此。

倘若从年初开始，你每周少一点发呆时间，于自家附近选定一棵树，或是杨树柳树，或是槐树榕树，或是梧桐木棉，持续为其拍照，及至年终便会感受到变化。如你恰好选择了观察松树或柏树，则可仔细瞧着人言四季常青的松柏，在你的照片上有无细微变化。若在每周相对固定的时间点为树拍照，标注好日期，一年下来即是五十余张照片，分属四季，每季大约十余张，还可调配每一季皆拍到早、中、晚三个不同时段。如此，这些照片便有着一棵树在春季清早，或者夏秋午后，或者冬时黄昏的故事。

向来我们较少将注意完全集在树身，丰茂的绿叶，萧索的枯枝，惟其换季理当，殊不知这简单变化之中亦有一番素朴的道

理。年终，当你把拍好的照片放到电脑上，以幻灯片顺序播放，易想起从前制作动画片，其中的动作皆是多张发生微小变化的分解动作连在一起完成的。这亦为一种量变到质变。绿树每年量变的过程，正是其从简到繁与从繁到简的两两交替，而质变却是——绿叶盛极时，但闻千声聒噪不见蝉；黄叶落尽时，徒有一只喜鹊啼空枝。我们记录量变，正是记下了质变的丰足底子。细览着自己用心拍摄的一年树照，你会否对生命的盛衰饱怀慨叹？又会否对自然的造化心生敬畏？

这气候的变化循着夏历，而夏历之春立于西历二月。我们为树拍照若以西历一年来计，定是由去岁之冬开始，经了今岁春夏秋，达至今冬。你的照片自清冷树杈拍到春风嫩芽，再拍到夏浪盛绿，再拍到秋气枯黄，终又是寂寞枝桠。这从冬到冬的轮转，像是平静里走出的繁华复归平静，亦像是一场无法抗拒的人生规律。你我的人生尚在前半场的春夏之中，花香望向果熟，总有美的激情，总有好的新意。察树一年有如观人一生，不免沉浸其中。

打开绿树的变化周记，说不定亦有一些人会出现在那里，使你隐约忆起了当时的他们。在春日的树边，你也许会拍到清洁工打扫的背影，空气中，一下一下被拨扬的灰尘飞舞着，却不觉得那么污浊；在夏日的树边，你也许会拍到民工们一边乘凉一边赶吃午饭，几个人围着一盘菜，被一根筷子穿起的三个馒头，在他们脏兮兮的手上更显得雪白无瑕；在秋日的树边，你也许会拍到收废品的夫妇在一旁歇脚，掏出一天所得如往常一样数着；在冬日的树边，你也许会拍到乞丐正蜷缩一角，像是饥寒交迫多时了。照片上，那些人虽是树的过客，却也多少与树的生长有着交集——清洁工与民工们皆以微薄的回报为城市付出着，就像绿树之于城市与生活；收废品的夫妇那种自食其力的喜悦，好像绿树成熟在金色的季节；乞丐透出渴望被救济的眼神，仿佛冬天不退的寒枝，触动人心，惹却悲怜。

待到一年将尽，看着树的留影，你有着哪些体味？是自然的领悟？是人生的变换？是尘埃里的斤量？或者其他什么？任何体味无法凭空，请带上你的相机先从一棵树出发吧！这记录的变化将予你许多彼岸。

把盆栽果蔬养护在阳台上，给生活融入一丝田园风情

水果与蔬菜为平日生活需索之食，我们常从市场买来，或到超市购得。若能有闲心自种自赏自食，给生活融入一丝田园风情，当是蛮有意思的事。近年来，盆栽果蔬较受大众青睐，我们每人皆可尝试。

推开家中阳台的门，或许角落里还积着一些久未打理的物品，柔暖日光轻轻落在上面。这般光线如不被充分拥享，未免有点可惜噢！一番收拾过后，用精心养护的小植物点缀自己阳台，会是清鲜的绿息。

你买来种子、通气性较好的花盆、易于生长的盆土、有机肥料及一些必要工具，依着查找到的种植指南等参考资料，便开始栽种。如你于此稍嫌烦琐，亦可去买业已播种的果蔬，按着盆栽相关要求养护就好。金橘、草莓、石榴、圣女果、辣椒、油菜、

韭菜、茄子、香菜、葱、蒜等常见的果蔬皆适宜盆栽。

我们宠养小动物，更多得到的要属它们萌萌的讨喜，可植物到底是静默的，学不会以表象诉说自己的喜怒哀乐。开始养育后，你每日关照它，同其讲上几句，施与你的亲抚和爱怜，好像同正在孕育的胎儿在一起，果蔬便不会感到寂寞，你心中的挂念亦渐成习惯。许多有生命的东西都有灵性，植物接收到了爱，定是满怀欢喜地念你。

若你有着工作繁忙而生活单调的困扰，那不妨试着栽植几盆果蔬吧！它们比之有些养花种草，亦具观赏性又可直接食用，谓之怡情悦性。你瞧这“怡情悦性”四字皆由“心”而成，便知其意委实出自我们心上。果蔬每日进行着光合作用，这生命的呼吸使得它们于主人不在家时理当成了家的主人。在阳光、空气及水的呵护下，植物的叶子由小渐大，由稀渐密，叶身之间花去果来。你可畅随它们滋长，心赏自开花至结果的全程，感受饱蓄的自然颜色与生命活力。

选择养护盆栽果蔬，也许那养育念头初源一种情趣，可这护理的细致与坚持却出于一份责任。任何的有始无终皆抵达不了原本之以为。你定期为植物浇水、施肥、松土、杀虫，殷勤付出，才能经由空疏到繁茂，最终结出果实。于此过程中，你还可每日留心观察这小东西的点滴变化，建立成长档案。由自己悉心养护长成的饱满再回自己以美味和营养，比之单纯买卖已是一种关系的升华，亦仿佛情意相照的异类交流要从这里出来，生命才更温暖。

收获的日子总令人兴奋愉悦。当你望着自家阳台开出一种结果，定是有一番异于停在市场与超市选购果蔬的心情。洗净入口或烹饪为菜皆倍觉有味与满足。又自己花费心思的培养，食来真真百个放心。若是初学初为，种植中可能有着各样问题，甚而至于辛苦一场却未见收获也是有的。如此，你当是耐心返回与细思整个养护过程，析查存在问题抑或于人请教，总结经验，重新再来。这样的执着是连闲情闲事亦追究的态度，惟要一步一步调整，终能不负有心人。无论做什么，能够有所憬悟，亦是一种能力。

佛说“因缘果报”。于养护盆栽果蔬一事，良种+良方=良果。当我们与植物生长静静相对的一刻，尘怀俗虑皆被植物收纳，回赠了氧气。

一周不开手机，回到无机时代

手机原是灵便现代生活的通讯工具，我们倒是对其渐日难舍。若说将手机关掉一周，怕只有对其低度依赖的人，勉强可行。但无论如何，邀请自己变一回常时之态，日后，纵使你作为是否应当关机这一问题的否定方，也须一番躬亲更能辩言。

关掉手机并非关掉生活，我们依然在继续自己的学习或工作。对外，你也许要添个缘由支撑住这并不漫长的七天，抑或你择好时间休假，分隔了手机，更是一次透彻的舒静。当然，与之同步而为的还有撇开电脑咯，手机与电脑可是近亲，它们太过联动效应了。

将手机关掉收好。这一周里，你的生活真真切切在倒退，回到了过去，回到了无机时代。每日清早不再因手机闹铃而起身，小小闹钟重新有了枕边的位置，或者干脆任梦自然醒。醒后第一事，亦不再是一只手伸出被子去摸索那个掌上玩物，蓬头垢面地忙着“上早朝，理万机”。你会先送自己一个简洁的清爽，边用早餐边从电视观新闻或自广播听新闻，或食毕翻阅当日报纸。单是这寻常风月式的开头便旧旧得可爱。跟着不管做些什么，稀释一贯的过分专注，分散的精力能使你有更多发现。

你可以多用这一周时间来看看书，写写文，练练字，与自己父母及亲友佳朋多些面对面的联络。那样的等闲谈笑绝非无义，放下人与机过度交流的亲密，你更需索的正是人与人之间真实可触的情感流通。少了移动电话提前约定，说不定朋友不知情地让你吃了闭门羹。慢悠悠的返回路上，倒是想起平素大家一处时，手机铃声常常此起彼伏，各自正经不正经地忙，断续着本应清顺的畅聊。聚个餐饭，更像是各持手机向网络直播动态，近前人情竟未如虚拟世界热闹，人心皆浮于嗓而不自晓。不消说那样的见面，同摆饰又何异?

高科技委实是好，好到我们不肯轻易离手。手机，尤是智能手机的便捷几与电脑没差，生活里许多事情已为之所解。但这家伙亦有目之不到处。辐射是其一，手机每日如此近距离贴附我们，总不是最好的伴随。细菌是其二，日日不分屋内室外，不论吃饭睡觉，手机与我们双手几乎不断接触，却又无可水洗，隐在的污浊略想即知，又有多少朋友能在意到记得定期消毒？此外，手机愈是高级，个中的某些操作也愈是难把握，很多东西就在这里，就在眼前，我们真的都能了解吗?

依赖是一种病，我们拖着病身起舞的乐趣，不过是耽溺其中的自以为。手机依赖源于一种优越意识，不愿离开那些生活附属品便出于这意识的暗示，越发把控自己不住。其实，无与有乃辩证统一，而人之娇气不过是出自享用的惯养。没有移动通讯的旧时代，麻烦与快乐皆那么纯粹，此时感受不到彼时琐碎的麻烦，所以享受不到彼时俭约的快乐。

一周不开手机，与其说是脱掉依赖，不如说是对自己的一则回答。就像重走青春并不能穿回到某天某月某年，不过是以青春之名做回最真实的自我，慰藉年轻的心。拿出一些时间来体验关机生活，并非排斥手机的现实意义，亦非不去使用它。手机换代更新频繁，诸般功用如不合于自己，确无必要为了拥有而拥有。除却每日必须，我们适度放开这些高端物件，也是将自己放归自然，放归原生，不作过分依赖着的俘虏。

当你对自己有了清楚的回答，便也就明白，得与失从来都在一起。

主动受一回饿

饥饿的感觉你有过体验吗？或许你会反问，我们不是每天都会饿，每天都要吃饭么？可于真正的饥饿来讲，我们每日三餐前的饿更像是一种习惯。常常思虑着以何种食物疗饥，惟是动物属性，是生命的低级阶段，而我们日日高级地忙东忙西，饿了本能会觅食为获补能量，以便接下去更好地忙西忙东，故而吃饱似乎很是容易，久之成了习惯。若是拿掉吃，仅专注饥饿在我们身上跳跃，会是怎样?

婴儿饿了，定以啼哭来表达；孩童饿了，要围着大人吵闹；你我饿了，初来可忍，然到底能坚持多久？体验便知。

在一个寻常清晨醒来，窗外光线浅浅地透在帘上，拨开这阻隔，我们生活照旧，却又些许有异。最初半天里，只当给自己牙齿咀嚼功能放个假，饿亦算不得大事。时至中午，你是不是发觉无法慰藉腹里咕咕的声声抗议，更被其中之空空如也惹出些心慌？及至下午，你还能安心做事么？在想什么？素来不喜之食此刻如在眼前，你的态度或许也会稍稍柔和吧？挨到晚上，比之于胃的医学剖析，惟觉搞不清腹中什么东西收缩一团，有种隐隐空洞或使你腰不成直，即便休息亦是侧卧好过平躺，静静支持着。整整一日下来，到底需索少许水分，可这水没了食物接应，溅到胃里更是虚落落的。你是否觉得难以继续了？然饥饿的体验刚刚才开了头。或许，切“腹”之痛惟有真正达于身，才晓得吃饱饭是一种常被忽视的满足。

翌日，饥饿还是如此接续，你耐受的心意怕是会愈加明迷。如一连几天皆是严重食不果腹，村上春树那些海底火山式的饥饿描绘，那种饱时旁观的文学之美，在真正的饥饿时，你还能靠近几许？恐要与萧红之《饿》同感同受了——当我们最基本的需求与他人利益似要冲突时，一个“列巴圈”竟也能成为人性考量物。至于人之初到底性善性恶，许是不落困境时易于纸上谈兵的哲学命题。

经了这番饥饿体验，我们须知所有的欲望皆在饱腹之上，饥饿使胃变小，欲望亦减小。就此而言，抓住了男人胃的女人，或许是抓住了男人心亦放大了男人心吧！“保持饥饿”是一句西方名言，不惟说保持腹中饥饿，亦是保持脑中饥饿，即对知识的渴求与摄取。饥饿，本就是一种生存的压力，一种争取的动力，一种时时在身的紧迫感。

有了体验即知，忍受饥饿绝非易事，全然像在与饮食天性为敌。减肥药物便是人们难于承担饥饿的证明，而药物的佑助实不比适度顺遂饥饿，这饥饿正是减肥人该对自己发出的要求。适当控制贪吃之馋也属自律。对于饥饿，若说吃饭是种安稳，享受美食显然就是种安逸了。不过，美食如成了职业所需，成了工作内容，亦会有舌尖下的不为外人道。

如若你真的饿过，或许会对乞丐流出更多怜爱之心。但那些用人格来换取同情的乞讨戏不当在列，武侠里以降龙十八掌和打狗棒法自成一派的丐帮，也到底是故事里的事。再看看世界上的难民营，尤是那些正在挨饿的非洲难民。于全球经济如此高速发达的今日，地球上某些角落仍旧有人注定生来饱受困苦，丝毫没有生命原本的尊严。见着那些孩童紧蹙的眉头，见着他们不太懂生存现实的惨伤却依然澄明的大眼睛，我们便从心底聚起一种深沉的悲悯。没有深刻比对就永远活于简单之中，幸福的人不会自知，痛苦的人亦无法自觉。当你我恰好站在幸福与痛苦之间，我们的慈悲却也出于此。那里的饥饿已不再是一人之事，而关乎一个民族甚而至于一个国家。正如战争或是自然灾害带来的饥饿，常常伴着贫穷与疾病，民不聊生，涂有饿殍，百姓真真惟求“苟全性命于乱世”。那些饥饿之余的惊心同惶恐，与我们恍如隔世。是故旧时为人君王者，若能以锦衣玉食作贵族之表，忧念苍生作内里之心，亦是当朝幸事。

体验饥饿并非表义上的自虐，有了这体验，你我便能思虑更多，有所理解，有所改变。体验饥饿是一种主动，不得已挨饿是一种被动，若你还能主动，请记得感恩。

自己动手，制一道多味拼盘

拼盘是道常见菜，以果盘较为甘凉清爽。如有兴趣，我们也来杜撰一拼盘，使多味同碟。暂不用营养言之当不当配，但看被娱乐出的，到底是何味？

备好食材便开工。你将几颗山楂洗净，切开，除核。把对称的两半扣放好，一颗山楂顿时化身两盏小灯。若切成片状，可就是正正经经的山楂片了噢。再请出南瓜，搅成泥，加入同样含糖分的糯米粉、面粉、糖等主料，或炸或蒸，制成南瓜饼。又邀苦瓜进来，切成小月牙并凉拌。顺便切一些紫皮洋葱丝。你哼着《洋葱》，跟着一层一层剥开它的心，接着一面刀落一面泪落。末了，解两只咸鸭蛋出壳，拣蛋清断成片。

如是，取山楂之味，南瓜之味，苦瓜之味，洋葱之味，咸鸭蛋蛋清之味，凑成一碟多味拼盘。且山楂红，南瓜黄，苦瓜绿，洋葱紫，蛋清白聚到一处，亦是调开了色彩，入目清新。当你坐下来对着这道自制品，会想到什么？当你提箸入口时，又会想到什么？

嚼一口山楂果，酸酸的。记起那一次聚会，倏忽发现当年成绩总不如自己的他或她，早已今非昔比了。各方面尚无明显起色的你，起初也许会泛一泛酸味吧。待心平后思之，成绩论终究不是一论到底，其人如以己力而有此佳变，确当刮目而看，也值得真意祝福。若你将这聚会视为调整心态，汲人所长，直奔自己未来的新起点，亦是收获。

咬一口南瓜饼，甜甜的。平日里寻常的甜味不算少，保持本真却是一则难得的甘甜清气。不管自愿与无奈，我们的处世哲学，多以一剂隐藏真我来求生存，亦有大环境使然之故，久而渐惯。那些不包装不伪装的快乐，其实是一种释放，或许有时会因此而失去些什么，可假面于世也一样疲累，不是吗？活得真，才有可能活得心甜。

尝一口苦瓜片，苦苦的。生活中的苦味很多，只是浓淡不同罢了。迷茫是苦，相思是苦，忧愁是苦，伤悲是苦，遇见某些不幸更是苦。我们与向往的每一处彼岸风景，中间都

横着这般那般的不如意，在苦面前，忍，似乎是最好的态度与处理方式，所谓吃苦。人常说“苦难是一笔财富”，又说“苦尽甘来”，也许吧，苦能提供一种营养，使良好吸收的人更加稳实。

食一口洋葱丝，辣辣的。想起曾与他人争辩时，彼此声调越来越高，都为说服对方。仿佛你热血都冲积到颈上，那种斗气顶着一股热辣，面颊也胀胀的。辣味在口里亦是躁动之兴，且一波未平一波又起，有种自愿被牵引的感觉。我们常常无法以为平静是足够用来表明自己的。不过从艺术的角度望去，争论本身并不算美。

吃一口鸭蛋清，咸咸的。鸭蛋腌制得越好，蛋黄越是油润，蛋清也越发咸。盐分是人体必需的元素，可过于咸了，我

们便无法承受，要水分或其他食物来调和。咸味是种不平衡，就像已然过了度的事情，惟当收而不应再放。很多东西貌似让我们觉得其里会是油润的蛋黄，遂不断啃食其外，结果却是愈吃愈咸。

以感观之实来解五味分陈，颇有意思。食品是可择选的，每个人也有自己口味之偏好，而生活中的味道却不会邀我们去拣择，它希望大家乖乖不要挑食。所以，日子搅混了这些味道，分不开，很多时候左右着我们的情绪，谓之经历。就让这些食物节选生活的色与味与我们来交涉一回，你思与不思，思多思少，皆是一种味。

木心先生说：“乏味，是最后一种味。”若将生活过到无色无味，是不是就真的成了一杯清水呢？

拥抱美食，当个吃货

直至过年才挨到一桌像样的饭，那已是旧时旧事了。目今，以寻常百姓的可承受来计，从正餐到水果到零食，不乏用食材托于各种制作，到底是有的好吃。我们收美味入腹时，身虽重了一点，心却轻了不止一点。

言及自物中食出美来，本无有定准，就像大家闺秀与小家碧玉皆各有被爱。富人常点鲍鱼燕窝，吃的正是重金换取精华的讲究，如何不美？村人常能吃到新鲜的粮蛋肉蔬果，比之辗转几回卖给城中人的，如何不美？《红楼梦》中，那配了不晓得多少只鸡才弄出的茄鲞味道，着实让刘姥姥“摇头吐舌”。《猪肉颂》更将猪肉吃出了名堂——“净洗铛，少著水，柴头罨烟焰不起。待他自熟莫催他，火候足时他自美。黄州好猪肉，价贱如泥土。富者不肯吃，贫者不解煮。早晨起来打两碗，饱得自家君莫管。”如此就地取材，倒也给苏大学士吃得似是无何不可。原来，环境可让人食成各自的美，无管是否自知。

暂脱却惯常的饮食环境，在旅行中，当地特产小吃之类有时也价廉物美，随走随吃尤成一道道风景，食量不大的走着吃着游着玩着，便就饱了，顶了餐饭。有这种新元素缀入，未免令你兴味大提，少不了对异域美食的一番美叹。个中小故事，或许也会当作旅途上一段情节，为你与亲友乐道。因某食而爱上某地，其后又爱上某地之他物，亦是有的。汪曾祺先生曾言：“一个人的口味要宽一点、杂一点，‘南甜北咸东辣西酸’，都去尝尝。对食物如此，对文化也应该这样。”就是这样了。

能够赏到食物制作过程，则深有人与吃不可相弃的感觉。做东西的人在那里忙来碌去，琐碎而细致。这或许也是家人烧菜时常有情态，而我们往往习惯得已提不起注意。于一道美食的制作溯源追根，便如《舌尖上的中国》，娓娓道出内里之人文。各类创意美食更是美在其形其态，只观不食已是一则陶醉。看久了愈发下不了口，但也无法不开口了。

入口前，你再度与食物相对，再察之颜色，再嗅之气味。自己嗓中不停下咽的食欲其实有一种期待，就只等从味蕾向内

传达，待心接收了，便会其乐无穷地让口称道，让脑记忆。何其佳妙之刻！头一回吃螃蟹确为一项求索，而首次之勇又何止在吃蟹，前人应是还有许许多多于吃的尝试。遥想当年春日，“蒌蒿满地芦芽短，正是河豚欲上时”。好吃非懒作的全民偶像东坡老先生竟也拒抗不了含毒的鲜美之味，因河豚而疯狂，大有置死度外的意思。“日啖荔枝三百颗，不辞长作岭南人。”一样吃出了性情中人的大手笔。看来，对于享用美味一事，大家没差，只不过能吃又能文的人，往往情不自禁要为更多人留下细叙和食思，引人寻味与共鸣。

吃与人之间，关系颇为奇妙。吃，是人的生存条件与习惯，我们在能吃之上寻求会吃，因好吃而爱吃。自吃不足以，也要与人吃。一席宴的功用可以有很多分别，却皆有一层以吃缩短距离联络感情的意思。当美食横跨出一座桥，供人们往来，它自身的光芒从未曾减退。这一点，爱吃的人最了然。不过，对于吃，每一次的浅尝辄止倒是较为适宜，一旦食过了度，就不那么美了。完全将自己搞得很贪饱，或许还会落入发胖减肥又发胖又减肥的圈圈。再者，所有美味不一定都有营养，多食不一定不伤身。还要记得，留一些善，留一些爱，为那些野生动物。

爱美是人之天性，爱食乃人之属性。拥抱美好之食是一种态度，如同拥抱生活美好之面，送自己一点微笑。纯然，怡然。

当然，别忘记护持你的牙齿，那可是一个吃货的本钱呀！

换一种阅读方式，同时读几本书

之于读书，不同人有不同习惯。如喜读何种书，喜在何时读等等。同一时段里，你有无将不同的书一起来读过呢？此处之不专，定属不佳吗？你可以试试看。

在同一时段读不同的书，你可拣择种样有差的，使其从自己之意而排。这样交作着读来，另是一番感受。

拿一本文学的，一本饮食的，一本旅行的，便是不错的组合。听一段小说故事，或者赏几首诗词，或者品十余篇散文杂文，回味之余，你在此打上一个小结，另投入图文并茂的口中天地。介绍各处美味也好，教做各式菜肴也罢，望书兴叹的食欲起快而落慢，心只好记下了它们。自己造不来的便在路上寻觅。玩味着关于旅行的文字，却也觉出较美食更为深沉的东西。你用眼睛来体味别人脚步，是以自己的方式到达那些近处的远方。将三

本书如此穿换，好像用三段弧连成了一个圆圈。

选一本励志的，一本经济的，一本休闲的。读读那些令你思索给你启示的文章，其力并不一定有心震荡山水，却温暖中的真意，更能唤起着实的感动。就此踏入你一直钟情的经济领域，追足寻迹，充知扩识，察之解之再悟之。有志者亦要有道，有收时亦要有放时。释放之刻，扶一扶休闲娱乐，幽默笑话，在轻松的字纸中遗忘一会子也是不打紧的。懂得自我调节的重要才更重要。

取一本历史的，一本政治的，一本人物传记的。在历史中延展思考，你会慢慢结成自己的历史观，再穿插一点政治，便让思绪自那时到这时。历史若为当今政治的镜子，光阴便为那一层水银，愈在增厚，照得愈是清楚。你能清楚看见古今中外的人物，他们的一世成毁，故事传奇。那些斗而不战的阴谋阳谋，那些战而不宁的此处彼处，多少人在过往与现实里的浮浮沉沉，又要几言几语来说明呢?

配一本美术的，一本音乐的，一本心理学的。沉浸在艺术世界，你受到的视听熏陶或可拨出一寸心灵净土，为不为人所知并不重要。铅华没那么容易洗尽，养心是人生最根本亦最漫长的调理，在艺境之中读一点心理学，也许能更明白如何去养。

《弟子规》上讲："读书法，有三到，心眼口，信皆要。方读此，勿慕彼，此未终，彼勿起。"孩童于事事，需自小养成善始善终的习惯，此无当赘言。及至成人，我们已有了相对较强的控握能力，适当打开一点幼时要求，亦无不可。况今日书籍种样细繁，倘使将有价值的文字调剂相读，一如学生在校受各科之课业，以便转换头脑，又如我们要在生活中取吃各类食物，以求营养均衡。广泛阅读可拓展一个人的界野，益处多多。如能令所读交互，又错开类别，或者于同一主题中选定风格差异较大的合读，使之不易混淆，这样，在自造的关联性思考之中，你也许会有所新获。放慢了单本书的阅读节奏，精读略读自在其间。

一本有终而一本再起，这般的读书习惯是传统方式。有些朋友读起小说来尤其不喜弄断，或者断续次数越少越好。不得以断了又续的故事本就要重合接口，向其中添入无关之他书情节，似是多余。然将几本书组合来读，也为一种读法，依性格，依心境，搭配合理，说不定能擦出不一样的交集，可以尝试。当然，同时段内同读的图书倒也不宜过多。总听闻三个女人一台戏，怎知三本好书不能为你演一出精彩呢？

略瞥本篇之前之后，你会在另读着何文么？

达一点礼，为自己增分

孟德斯鸠说：“礼貌使有礼貌的人喜悦，也使那些受人以礼貌相待的人们喜悦。”可使彼喜我悦的事，何故不为？或许，学中孩童倒更易解此快乐，因讲文明懂礼貌而被夸赞的快乐。及至成人，礼亦当随着我们长成。若你意识到自己某些与礼相关的好情绪在流失，请记得知礼学礼有礼，长留那种原本之乐，不为他赞，只为自养。

我们往来于社会之场，礼，实为一门必修课。在兄弟闺蜜近前，或许你不屑讲求礼，但与谁人之交不是自生而熟呢？至亲以外的关系皆循发展而来。于各类礼数中，容止是基本之礼，树自己在他人心中之形，尤以初次与人相见时为更重，称之第一印象。注意你的姿容装扮适度，衣着符应场合，贵洁不贵华。更需注重举止言行，使一颦一笑流露舒洽之情态。若你在面试、相亲等等初次晤面之时，有所失而不自知，再事后寻因追据，即便发觉也早已为时晚矣。虽说一些情况并非不可逆转，但容止上的不拘小节往往还需内里有料来证。然否？

与他人沟通交流，通电和通信乃其中一途。通电的时间、环境及内容准备与答复等，皆有礼可讲。不是每个人都能恰当接打电话，尽管我们几近日日为之。通信的称谓及格式为常被略掉的细节，尤在如今的电子邮件上。得空你可温习学生时语文教给的书信格式，郑重写一封亲笔信寄与你所寄的人，重拾这点礼之余，也重拾了封信拆信的简朴快乐。不同场合亦有各自讲礼之处。除家以外，我们算是在职场与公共场所度时最长了。内思外察，这些地方当讲之礼，你是守惯了还是破惯了呢？此外，多了解一些婚丧礼节、宴会礼节等等，亦可备不时之需。

懂礼，学礼，是对自由的束缚吗？随心所欲地长成世所不欲，可是自由了？其实，自由是相对的。古时遁逸的隐士，朝有山夕有水，落拓不羁得无尽自由了，亦未见得会客之际不以相应礼数。发乎天性合乎人性的礼，是一种教养，一种质素，一种雅品。彬彬有礼，谦谦有度，并非呆板迂腐，反与灵活幽默未有悖。在礼义廉耻之上追求人生，会有一定高度，可为自己增分。

物质文明与精神文明虽同时抓起，但众目共睹，物质的显然更快一筹，精神的尚需时日。社会真正的文明进步在其内核，所谓“文明的建立靠的不是机器而是思想”。作为社会人，我们达一点礼，知一点书，不仅仅是自己的事，也是在为文明道德尽责。平摊下来的责任，每个人还能负到多少呢？但就这一点点，在一些人一致朝利望、向名看之时，也变得赘烦。因之守礼尊德，并不能使其收获自以为的价值。那么，在公车地铁上相骂互打，煞费苦心刻下“到此一游”，可否一收宝座与大名？更有甚者，为了个荒唐缘故荒唐地置人于死地，怕是荒唐更被荒唐误了。道德与法律之隔不过是一条线，倘若，愈来愈多之人出于各自利益的最大满足，皆喜游走在这线的边缘甚至越线，怎不“世风日下日下又日下”？

清有《弟子规》为幼童引向。而今，我们皆以礼出，使人受之，由人及众，期能促成良善的循环。

练一练书法，向内培养情绪

日日纸上常动笔，我们的字迹何如？优者逊者闲来皆可练一练书法，也许更有字外之得。

书法，是一门古老艺术，一种民族传统，于此尽能窥见写字人的风骨。篆、隶、草、楷、行，各有各变而万变不离其宗。我们练字前，了解书体演变及笔法理论实为必要，历代大家真迹亦当观复。初为时，宜选隶书或楷书习之，稍易把握。

笔墨纸砚乃书法过程的实物支撑。自古以砚台研墨，此正宗之法，然需对墨有所了解才能磨得适宜，今亦有墨汁售卖，购来即用。至于笔的狼毫羊毫紫毫或者兼毫，纸的生宣熟宣或者半熟宣，则依写字情形而定了。是时，你的桌上平铺一块毛毡，上面宣纸轻附，毛笔沁墨待书，碑帖在侧以供临摹。一缕纸墨书香共融之味。备好相关用物，便开始练习了。如写隶书，则可选取健劲瘦挺的《礼器碑》来临。自笔画而起，一笔蚕头燕尾即要练上多回。写字一刻，我们坐定下来，以净、静、敬、境四者为念。净者，目净，使眼前不散不乱；静者，身静，均匀呼吸，沉淀外物，不复旁骛；敬者，心敬，怀敬畏之心与书法相对，遂起郑重情意；境者，入境，令目、身、心各自安好，便就神清思凝，忘物忘我了。

当然，如你有兴致，也可报名书法培训班，循师而学。不过，正所谓修行在个人，提升之力究竟无法教授，悟在己身。若是你觉得硬笔书法较为简便，也可依字帖来练习钢笔字，似实用更快。

少时，常受家长与老师敦促，我们早早便晓得写一手漂亮字，为面上有光的事。如今愈加懂得，字字连成文，字如其人，文如其人。一个人之品性常能现于其字的气象上，各种人格即各种风格。写字亦在悟，悟到而知养，如养浩然之气。下笔自歪斜至平正，往往一横一竖就要练一阵子，这便是修养的起始。从毛笔的不任使唤到彼此亲密，你学习着用染墨之笔与宣纸作一番交流，在黑白之间，在规律的坚持之中，领会平和与耐性的真谛。临帖，临的正是传统文化。诸如《兰亭集序》一般的好字好文，不禁使我们尽受熏

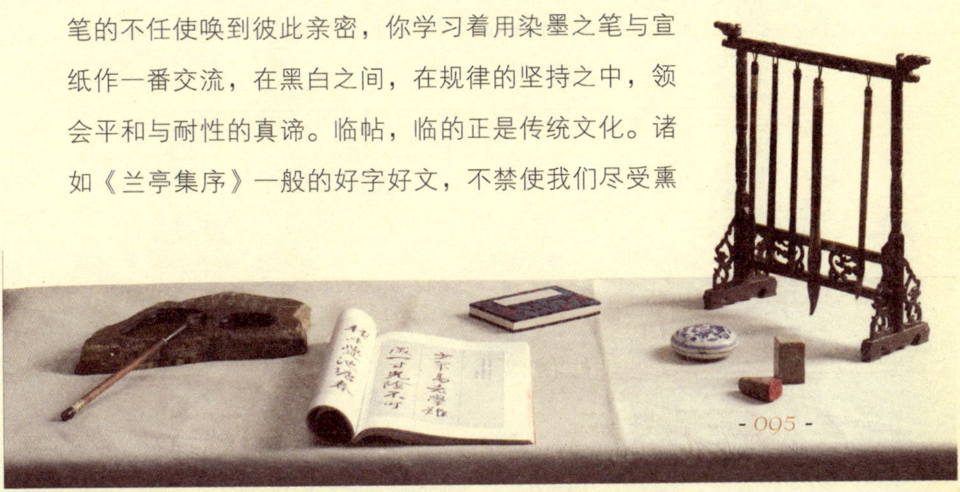

陶，心向晋代风流。

正值盛年的我们，难免有浮躁之气，总望收获多于付出，甚至以投机心理渴盼高楼，哪怕是空中楼阁。于是急功近利，总要证明，忘却了积累是一个甚为重要的过程，底蕴愈厚，愈能走得实，走得远。自狂之人，未必无有自卑，而是有所掩蔽；自谦之人，未必无有自信，而是有所顾忌。内敛式的疏放之道，常在书法之中有所隐蕴——内狂而外谦，事狂而人谦，“谦狂交作”，收放自如。

入得书法之境，知道它是它，使你思省，又觉它亦是万物，引你一参，却到底能进能出，它还是它，才是道理。一如参禅之境界从看山是山看水是水，悟出看山非山看水非水，最终仍旧看山是山看水是水。领悟书法之道，不在成名成家，而在穷心，有空名者不乏其人，穷心者亦自有真人。凡事皆然，不以其心则不得其道。是故风雅以内里向之，绝非附庸能表，附庸者却不如不为，倒落得个真。装腔作势形同不伦不类，徒生虚气，虽易弄俗眼而难入知人。

学习书法，是一种向内培养情绪的有益方式，即更多关注自己，专注自己。此种关注与专注并非自利自私，或者全然与世无争，而是不与他人作过度比较，无谓比较。惟有摒弃不健康之念，方能端正心态，自我修炼，自我快乐。你是你，我是我，他是他，于这一层意思上分清楚你我他，人间便少了那么许多的烦恼，甚至罪戾。

看直播，与体育比赛同行

电视前的茶几上斜着遥控器，一点饮料，几点吃食。你正卧在沙发中，专注于某场体育比赛直播，释放着感性与激情。

你曾在第一时间为体育的独特魅力所感染吗？当然，如有机会持票在现场观看赛事，又是另一番感受了。你会完全不受电视直播的影响，投身比赛现场的气氛之中，使自己整个身体接收到真切而发散的信息。在那里，你与诸多陌生人融为一体，任感官直接发动情绪起伏，是一种奇妙体验，当有则有。不过，电视转播也正因聚焦而更能集中注意。因着时间、经济等条件，我们到现场观赛常会受限，如此，坐在家中看直播，同样是自在的享受。

可能你喜欢田径或是游泳，体操或是跳水，击剑或是射击，柔道或是跆拳道，又或者是球类项目等等。也可能你对冰上运动感兴趣，还可能你是赛车发烧友，或者是台球、网球、高尔夫球的粉丝等等。各类体育运动各有其技巧与学问。关注得久了，看热闹的心思里自然也能总结些门道。譬如打羽毛球就是我们平日常见的活动。一副拍子一个球，与朋友去到体育馆，或者在风速适宜的时候两个人随意寻块空地，你来我往，高高低低，既放松精神又锻炼身体。看羽毛球比赛直播时，专业运动员的那种步法移动，坚固防守，迅猛进攻，都令你大觉过瘾。起身，跳跃，球拍过顶，一记强力重杀，界内，得分。再起身，再跳跃，球拍过顶，却又轻轻扣下，一记利落点杀，界内，再得分。有时攻防转换只在一瞬之间，而有时一个球要经历多拍回合。一局尚未过半，球网两端的运动员已运动得大汗淋淋。

体育比赛宛如一场无台词之表演，演绎着运动中的力与美。同时，比赛也像是一场战役，战前做好充足的敌我分析，做好战略部署与战术安排。运动员作战时，其身后是教练以及团队的支持和付出，是一干人等在并肩战斗。有句话讲，对手——实现梦想的另一只手。特别是在国际体育盛会中，与赛运动员不同肤色，不同民族，不同语言，却以同一项目的技术能力来交流与较量，比意志，比经验，拼打身体与心理之战。

直播比赛使我们通过技术手段与某一赛事同时同步，看到运动员最新的战斗状态，却因其结果的悬念而觉好奇与刺激，有一股未知带动的吸引力，且越是高水平比赛越会引人入胜。在一些比分制的赛场上，于最后赛点处平分，一方领先，再平分，另一方领先，反反复复，像是漫无止境的轮替，终于，某一方惜败于结束之点。于此过程中，我们常常心有所向地支持着某一方，在电视机前，更在竞技体育紧张而又真实的氛围里，释放自己的激情和热力。看直播，其实也是参与比赛过程的一种方式，享受与承受的，都是这个过程。有时候，赛场上还会出现一些小小插曲，电视台评论员会与我们实时经历。

一切赛前预测仅是预测，赛果，到底不以预测的意志为转移。胜负为常，非到最终而不能定，此既是比赛之规律，亦是竞技之魅力。赛未比，便言谁必须要胜，谁一定会负，到底不解体育。体育不过是一场游戏。常言运动员在比赛中最大之对手不是他人，而是自己——实力强者需稳实作战，不可轻敌；实力逊者能够放手一冲一搏，表现出正常训练水平甚而至于超水平发挥，纵是告败，亦为一场有益之赛。于己身能力基础上构筑起自信与霸气，是运动员的风采，也使电视前的你我为之所感。

若你曾与直播的体育比赛同行过，是不是会对此怀存些许同感呢？

听一听民族音乐，嗅一嗅本土的芳香

西方音乐不乏其厚沉的历史，我们的本土音乐亦有自己民族式的古典情味。静下来听一听民族音乐，你会使自己在某种意境里得到放松与舒展。

“夜风生碧柱，春水咽红弦。”古筝韵味尽在流畅收放的弹拨之中。忽而念及“鸣筝金粟柱，素手玉房前。欲得周郎顾，时时误拂弦”，这弹筝小女倒是弹出了弦外之音。你听那琵琶声，淙淙悦耳，幽幽如诉，苏州评弹里的吴音女子便是借此娓娓道来。二胡折曲的琴声透出凄婉悲沉，久在脑海。竹笛之悠长，高荡袅绕，洞箫之厚润，颤波回环……多少曼妙之乐，或许惟在你沉醉一刻才顿觉言语的述绘真真贫白。音乐如能译成文字来表，亦不成之为音乐了。

乐器原是个物件，不被碰触便不可自我发声。人之吹拉弹使得人与物融为一体，乐器才能种种响动，二者失其一则无所谓音乐表演。表演者之艺术表现力不尽相同，融进自己深入理解与高超技艺的演奏，有如实力派演员将自我巧妙并入编剧与导演的要求，恰若其分。作曲人正像这一编一导，是舞台背后的元素，台上演者为台后曲者与台下听者搭起一座桥，桥上之交通意在共鸣。但不论共鸣与否，作曲同演奏已然合力了音乐的完整。不管你以何种方式来聆听，对音乐本体的纯粹欣赏皆是一种灵美——没有需要表意的歌词，唯以旋律来达情，徐疾起伏，浓淡开合，个中常有不同人的远近思绪与自由解悟。偶有冥契，便是知音之人。

若言文有文之脉，则乐亦有乐之脉，我们的乐自古与礼并称。礼坏乐崩定非治世之象。宫廷奏宫廷乐，民间发民间音，音乐自简至繁，未断其承续。琴棋书画目为古人养性修身之雅趣，亦以抚琴为其首。弦动有音，音动成曲，一曲高山流水使子期未识伯牙而知其琴意。“春风满面皆朋友，欲觅知音难上难。”如此借音乐通达人生，境界高远。那笛人箫人吹气入孔，内以音出，悠闲而清远，直令花容树体墙影室形皆有一层笛箫的柔雅。一道道古色古香的意韵正是我们乐的根脉，情的传统，对其喜赏，可怡身心。乐之佳音是种艺术教养，于一个人的精神品气有益。尤其在民族音乐的一熏一染之间，更易寻取民族归属感。

诚然，音乐无国界，它是一种艺术语言，无需翻译，醉在其中似觉与世界相守相通。然东西方的音乐各有其形与质，各有其源头与支流，各有其文化维度及艺术遗产，此为需索细思的内里。他人之物要取，自身之物也不当离弃，对音乐来讲，听人听己从不矛盾。民族的即是独有的，在自己土地上的我们如若不近嗅自己土地上的芳香，蓦地回首，会否有些四顾茫然？再者，遥远的了解终是因距离而有一层隔，就像圣诞节在我们这里更多显现为时尚与商机，而越来越多的老外晓得春节，亦并不可言他们了然春节在汉文化中的意义。

闲时听一听民族音乐，让你的情绪随之起承转合。得空的话去听一场民族音乐会，聆指挥与乐队合拍之果，观闻声情并茂的乐器独奏及合奏，投入现场演绎的情状与氛围，也是种享受。

回味那些老歌，重觅往事里的心情

“有过的回忆，还在老地方。”于某个街角或者在某辆公车上，不经意听到这样淡淡的一句，会否拨动你思绪之弦，为自己的回忆弹奏一首曲子?

一个人寂寂在家，无知无觉地，书和电脑早已倦了双眸。当你理会知觉，便起身，饱饱的一通懒腰。旋即以听歌来解解乏。忽想起前一回在路上遇见的旧旋律，于是跳过手边的新近存储，去旧文件里翻找，去网络上搜索，寻到了某些歌，似也捡拾起从前对这歌曲的心情。你轻轻合目，静静摄听。三年前，五年前，十年前——可能初听那些歌的时间已然模糊了，又或许要在每个时间之上加添一个“至少”。是啊，至少是这么多年前的事了。年份愈远愈在学生式的过往里，那时偏爱的，大抵还是流行歌曲。“再回首，恍然如梦，再回首，我心依旧。”再回味那些老歌，你心是否依旧呢?

某一首影视主题曲，某段时间你总在哼唱，还与几个要好的同学热议过剧情，这会子听来又让你记起旧事，遥远而温馨。某一首动感快歌，是你在某次晚会上表演的背景音乐，好像它总与曾经一遍一遍的排练同在着。某一首英文歌，听起来还是那么亲切，那时你计划通过类似歌曲提高英语水平，也许还是获了一些收效的吧。某一首浪漫情歌，似是你不曾想起也不会忘记的调子，常在KTV里与大家唱起，如今东西各奔，真不知何时还能重聚，再唱前缘。

当初有情的日子，惟像是步过了一首歌的距离。暗恋之酸涩，单恋之素简，初恋之甘美，失恋之寂痛，一度追风远舞的情思仿佛睡醒天涯，漫忆来时路，于再次波动的旋律之水上降落，骀荡，熟而陌。重新听到如许旧歌，好像各异的心境被打捞，想起经年的样子。当耿耿伤情真的消解于怀，或许，你会喜欢上那一句“哭过的眼，看岁月更清楚”。

还记得那些老歌最初都在哪里吗?当然是在磁带上呀!少时，看着录音机正面的透明框框里，窄窄的深棕色带子被两个小圆圈缓缓转着走，就像修正带的连绕，却又能传出声音，倍觉有意思。后来，为着学习而用的复读机也偷偷放过音乐，是么?又后来，当我们用了随身听，磁带也越买越多。再后来，有了CD机，CD便与磁带共存着。后来的后来，MP3更广泛了，也成为歌曲的文件格式之一，与电脑接轨。现在，手机同样是播放工具。很多老歌已是随传随到了。磁带，早已轻眠在记忆角落了，你是否还留存着那些旧物呢？

听歌，或许是我们长长的习惯，纵是若许年来听取的形式在变，内容在变，习惯却始终都在。时光远走，大家一起听过的，唱过的，那些旋律好像碎片式回忆，甚至可以拼凑出许多无以言表的东西。再次听到某一首过去常听的歌，仿佛打开一种有节奏的记事本，总会配着某个画面，某段故事，无忘于脑海。一些歌词常常被我们引用，信手拈来。曾经很对一首歌满怀感觉时，往往一次次手动倒带，所以后来才会有一种被承认的听歌模式谓之单曲循环吧！也许这首歌如今还在你的电脑或是手机里，虽久来未碰却不减多情，可能偶然想起，会让你重又听上好几个循环。

或许吧，你也曾迷恋过某位歌者。多年以后，听过的歌依然在那里，没有年轻亦没有衰老，而唱歌之人与听歌之人却在光阴中一起悄然在变了。“年华似水，匆匆一瞥，多少岁月，轻描淡写。”

经典老歌，可说是一代人的群体记忆与共同话题，是挥之不去的情结。

“有没有那么一首歌，会让你轻轻跟着和？”

伴着音乐做家务

做家务，是家家户户门里的事，因而也算一种隐私。能显的种种，常常有一层包饰；需隐的处处，往往有最真的情绪。那么，在做家务时，你的情绪又如何？有没有想要伴着音乐而动呢？

某日，天色晴美，你淡淡发着呆。家中放着音乐，旋律起伏，与空气为舞，看不见地来来回回。阳光斜洒在桌上，微慢移动着，被暖亮的地方愈显一层碎绒绒的白色纤尘。已几日未整拾了，音乐不停，你借着还不错的心情做起家务来。

在箫声的萦绕中，似乎连稍稍润湿的抹布亦醉染了千回百转，家具被一下一下含情拭过，重又洁净了。登高擦洗门窗时，圆舞曲俏俏幽幽地飘上来，反射到半空的玻璃上，流入你耳。你的手旋转在透明舞场之中，哪里会有太多枯燥呢？喜欢的流行歌响起，你一面扫地拖地，一面跟着轻轻哼唱。当地上的水迹渐渐蒸发成一点一块的水痕，才知，原来清理地板，不过几首歌的长度。若是打开吸尘器，转动洗衣机，它们工作之声有些冲散了曲中歌词，大约只听得浅浅轮廓。音乐仿佛与你隔了假山真水，离得远了。吸油烟机在烧菜时的情形亦是相似，使你触摸到几许茫茫之音。

如你惯以手洗衣物，配上舒缓的轻音乐在旁，洗之节奏和着乐之节奏，一揉一搓之间皆是情趣。稀释了急躁的速始速终，玩一把水也是好的。昆曲尚在梁上绕着，收叠衣物一刻，似有种获得之感。从衣架上取下它们，淡淡一嗅，衣料的布线里正散发出洗涤气息，表层却是薄薄的太阳香味，百闻不厌。正如昆曲。停在一盏佛乐旁收拾书柜，很觉静意净怀。书页划过手指，灰飞尘灭，惟一寸油墨清香透鼻。窗外阴雨时，大提琴曲尤显低郁情愫，而你归置着物品，整理着箱柜，不经意念起旧事。

生活的真实极其琐碎，我们要按需采购各种吃穿用，要定期付出各种开销，还要应对各种损旧的修增云云。这之间不时会生出许多繁杂问题。寻觅生活情趣，也易也难，倒不是言之容易做之难，却是难在知，易在行，此知与此行若能合一，即可调负担为享受。做家务，是在家中劳务，是生活的常数项，看似无足轻重，实则不可或缺。既如此，家务之事，贵在以好的认知令同样的动作舒展开来，将情致安排在适宜的音乐里，可助你在劳动中去烦弃恼，解哀化怨。

不管租住房子或者购得窝巢，不管一人生活还是两人在一起，我们皆需为身心营造舒净之境。自己住着没得倚靠，犯懒时，于婚姻生活，要么有奢想，要么有惧意。当爱恋的浪漫悄然降落，天上地下之反差总是在的。很多情侣常常像一个和尚挑水，两个和尚抬水，半为玩笑半为真地掷出骰子——你烧饭来我洗碗，有人欢喜有人愁。不过，游戏里的幸运似借需还。出钱请家政，单为自己买得几分安适清享，那种素朴的劳作之乐，却与你擦身而过。不如试一试伴着音乐做家务，女生男生，新妇新夫，看看你会否以轻松之道发现更多?

使我们不快乐的，已有不少，将有很多，能教我们快乐的，惟能我们自己。

清理电脑，为了更好地享用

电脑和手机，可谓现代人的左膀与右臂。就左膀来讲，我们多数人没有笔记本的也会有台式的，没有自己的也会有单位的，或者兼而有之。既如此，为电脑作清理就像是为人的膀子保健，使其能更好地服务于我们，很是必要。

清理电脑，此处之“清理”或可拆解为“清洁”与“整理”，清洁其外，整理其内。

外部的电脑清洁不容小觑。虽未必“时时勤拂拭，莫使有尘埃”，亦不当对日日之积灰熟视无睹。要知这左膀同那右臂一样，都是载着细菌与我们亲密无间。点破了此层关系，你还不赶快动起来?

显示屏上的灰尘，倒在关掉屏幕时更被显示了。你将清洁剂滴在上面，用软布轻轻为它洗面。一尘不染的那刻，真真明净。

鼠标这东西，成日家被罩在五指山下，连商标字迹都容易消磨于掌心。你可取来软布，润一润消毒液，为鼠标擦过全身，也可用消毒湿巾擦拭左右键及其边缘，中心滚轮，还有那不喜见人的底面。被摩擦的鼠标垫也该被一同洁身。

键盘的清洁，还要视情况来定。平时习惯铺贴键盘保护膜的，抑或按键凸出，键格之间的缝隙裸露在外的，稍易于收拾。从头至尾打理下每个键，清洗下保护膜就也差不多。按键不凸出的，键格之间的缝隙则易于存污，加之键盘常时裸奔，要清除每个缝隙间的细小尘垢，总有点费力。你将键盘倒扣过来，能请出一些残渣，可它们哪里就会乖乖掉落得全然？还需用清洁刷格格再入，完整打扫一遍为好。每个小键被按下，一抬手，又弹回，此起彼伏，配合着柔柔刷毛，排队等待着洗澡。

另外，台式机的主机也应定期开箱，或请维修员上门，或自己动手，帮那些孔线板卡器之类的物件清一清，净一净。

内部的电脑整理为使用所需。经简单操作，电脑上安装的优化工具便可助你处理垃圾，释放内存，加快系统运行速度。意欲拾掇各个盘中的存储资料，则要你花费时间，细细过目。再度翻阅拷入的照片，写入的文件，下载过的歌曲和影视剧。许是因为一丝微笑，一点想法，一个情节，你跳跃着回味那些旧时候，然后彻底地删除那些不再有功用的，不再具意义的，不再犹豫。整理电脑的同时亦是在梳理人脑，两脑重又定了定各自环境。

当电脑联网，有形的是机器，无形的是网络。几乎每一天，我们在自己看不见的空间里学习，工作，搜索，观览，聊天，买卖，炒股，办业务，玩游戏，听音乐，交际往来等等。现代生活在网上，竟是如此灵便迅捷。闲来刷刷微博，亦常常刷走大把时间。电脑不联网时，也还是可以对着机器里面的存货随意发个呆的。不过，有如何的享受，就应有与之匹配的戒备。电脑辐射，网络安全，凡此种种，一般人很难完全把握，甚而至于被删掉的东西，都未必真的消失。关键资料需有备份，重要内容慎用网络，在互联的世界中，隐私本就是相对的。尽管普通人的信息无有多少受控价值，但那样一种感觉，毕竟不很舒服。

虽说电脑创之于人，用之于人，然它对人却无法有丰富鲜动的情感。不过，随着科技的高速发达，将来会有也未可知。与电脑亲密无间的我们，有不少人对其本身的认知亦平平，可说是每天在相信并依附着不甚了然的东西。那又如何？或许也无必要怎样深知，唯满足自我需求便好。一旦电脑有了清理所不能及的问题，即会有他处为解。就像汽车有问题可送去几S店维修，你我因欠缺专业认识，也就由他了。太多东西如是，我们得为自己的不了解来买单。能遇着职业道德与技术水平同时过线的相关人员提供服务，是幸事。

某日，你在清理自己的电脑。当你与之寂然相对，看得久了，是否也会发觉太过熟悉的陌生感里，有一点隐约的茫然？电脑与网络给不到我们需索的一切，清理，是为了更好地享用，进得去出得来，却不在时刻相拥倚赖。

奇思妙想，给废旧物品第二次生命

某一回，若在安静的房间里细细来听，听听那些被丢弃在垃圾桶里的东西，听听那些已然没兴致再穿再用的衣物，你也能听到其中浅浅的凉叹和嘤泣吗？废旧物品是生活的常在，无口无言却未必再无用处。假使让其投入第二次生命，你会觉到它们散发出的纤微之暖。

这就仔细瞧瞧，你家的废旧物里是不是还能淘出些什么呢？然后活活脑，动动手，试着用你的巧妙创意，使这些旧料搭凑出一件新物。热心的网友们不是在晒着很多此类的小点子么？若是你思路尚紧，亦可琢磨解析他人之为法，参考借鉴来，再添入你喜欢的元素。踩在如许好心人肩膀上以自己的容态造世界，也要记得感谢。

许多女生喜爱摆弄鞋子。可能你有双鞋才穿几回，就讲不清缘由地不欲再穿了。送人不适合，丢掉舍不得，叹一叹气，只好闲置它在鞋柜角落。当你重新拿出兴趣，对着它看了又看，好像晓得了讲不清的缘由是什么，那就以你自己的审美来为它再加工吧！或者涂鸦几笔，或者剪块花布缝制在鞋面，某处小小一变，也许就能改换鞋子的整体观感。那件黑色毛衣，压在你衣橱底层算得不少年月了，虽无太多旧痕，样式却早引不起穿欲。便将其改造成一个毛线拎包，何如？可着毛衣之形，剪裁出包体，加内衬，再取旧包一对黑色提手置于适处。全部缝合好的新提包，会否是冬之暖色？另将一条麻布裤变作迷你裙，仍能以余留的碎布做一朵布艺花，嵌在裙身。如此这般动起来，“冷宫”里的衣鞋旧面换了新容，你亦兴头渐浓，只怕停不下来也未可知。

许多男生做起手工来，那种专注的情态一样很迷人。挽留住你险些告别的光盘或者硬纸板，就以其为底，粘贴上十二个凸出数字及可转动的指针，做一个或圆或方的大表，蛮有意思的。某日，你受到启发，刚好能把还没丢掉的雪糕棍派上用场，未承想犯懒也能偶尔懒出好事。你用它们胶粘成自己想要的形，全然一个手工木制品。那些饮尽的口服液小瓶总没得要了吧？非也！花点心思将其一瓶一瓶连成一串风铃，你可有意？寻个圆物作顶，垂下的每根线上挂一个小瓶，细线长长短短，瓶子高高低低。清风徐来，空中有玻璃轻碰的脆响。那种蓝色瓶子尤其漂亮。每个小瓶装入一句情话，送予女友。这蓝瓶风铃，别有一味浪漫的惊喜。

改物之废陈为新为鲜，相当于使其转态重来。比之用金钱交换物品，二者欢悦的成分存些许不同。纯粹购物，制造过程无干自己，有一种直接获取的爽落；结合自己的脑与手，将旧物变成新物，简省之余，更充溢着改造之乐，不在金钱供应的满足中。“修旧如旧”是留持古建筑原味的葺缮模式，历史之旧正是无价之宝。当我们自娱自乐，故意以旧求新时，生活的情趣，悠然自见。深掘弃物旧物的价值，二次利用，充分利用，很多已然大换了原有功能，倒也是物尽其用，用得其所。有一点近似于逝者捐献出身体所有器官，任旧的价值在新的载体中延展生命之力量。

以你我的多情来翻转废旧之物，便能成其第二次生命。

汇集学生时代的成绩单，与青涩重逢

有句俗语讲："考考考，老师的法宝；分分分，学生的命根。"这学生时代的"命根"你还留得在吗？找找过去的成绩单，将其结集成册，不禁会触惹思绪连连。

那时的成绩单静静地停在那里，被光阴拂过，也许是丢在桌柜一角，也许是夹在旧时课本一页，也许是当时略加整理过。当其重新被翻阅，单子上习熟的课程，某科目某段时期内提升的分数，可能会使你忆起某位老师及某些生动的课堂。再读读班主任或是辅导员评语及家长写过的意见，你又会否想起某回成绩不理想时，未敢让父母签字的忐忑心情？

纸上数字延绵，如同青春间的一片翠微。在百分制标尺下，小学生九十几分甚至百分均是常见物，及至初中渐现八十多分，而高中所有科目若能维持八十几分的平均水平当属优良，大学亦然。从小到大，一路走来，随学习难度之增，我们的分数多是由大到小，慢慢移动着。大学前的不及格是天大地大的事情，而大学挂科也会觉面上无光，更涉学分之修。分界，往往是人为的一隔，而与界线等距的五十九和六十一眼睁睁归了两个阵营，考得六十一二分，虽未值炫耀，也算得沾上一点运气。所以，对有些人来讲，堂堂的底气便是脱离边界的纷扰，不落疑忌。

看着取得过的分数，你会不由地想起试卷这样东西吧？那正是成绩单的泉源。每一次试前，大家同在对书埋头，且念且背，可试时接到卷子迅速浏览后，总有人是成竹在胸的静定，有人是复习不到位的焦慌，以至于试后老师解析试卷时自信的愈加自信，对自己考试结果不满意的似也少了几分听讲心情。但诱人的是结果，不易动人的是过程，分数唯是一项显见，而良好的学习方法才是既合适自己又通达彼岸的兵器，殊途同归。当然，貌似谁的学生时期都有过那种极其聪明似不费苦功便就名列前茅的天才，长使同学们羡慕嫉妒恨呢！

将学生时代的成绩单汇集，你会发见自己一串明朗的脚印，是甚为珍贵的起步典藏。当我们脱离生命中某一点愈来愈远无法返回时，至少还可反顾当初之印迹，遇见你的忧欢。少年途上，不论学习经历如意与否，多少原本的情绪早已平复在日子模糊的涟漪之中，却因着细雨温润过的流光而荡成古黄暖意。

业毕后的成人世界，一切不唯分数是论。当年受人欣羡的好学生亦有高分低能一类，学业平平甚至所谓差生，也可能在社

会中有所作为。因之学习上的优良中差并不全然等同于能力，而是应试教育的表达方式。自学校至社会，我们总要走过一段将成绩转化为能力的路途，叠加之好是好，变化之好亦是好。闻人有言：“这世界唯一不变的是变化。”成绩意在表述过去，在你得到它的那刻起即为过去，而每一个未来好成绩，则是在适应不断变化的变化里，收获着付出之后的欣喜。

“分分分，学生的命根。”当旧时光里尘埃落定的数字不足以言明漫漫人生路，未妨在旅途劳顿一刻重对经年旧事，让不再是学生的自己睡一会子回笼觉吧！

点检光阴，重回就读过的教室

教室是学生熟悉的地方，却也满载着抽身后的我们，离别愈久经历愈丰愈会怀恋的时光。你可以在休息日拨出一点时间，为自己调换下心情频道，去母校看看曾读书的教室。

入门前，或许你需同传达室长辈沟通几句缘由，若正逢学生补课或其他活动，便要等待了。这般等待有别于他，那些素不相识的稚嫩背影无意在为你搬演从前画面，静静望着他们，仿佛无限靠近学生时。

当你迈进空空房间，一切与旧可有相异？应是皆非原样吧！一屋尚能此变，又何况世事？寻着自己的位子轻轻坐下来，见窗外阳光如昔，透过玻璃倾斜在桌上，倾洒在地上。抚着眼前的课桌椅，是否还会记得，曾经考试时为防学生作弊，所有课桌常被要求掉转一百八十度使书箱口朝前？你目视着讲台和黑板，不觉

想起自己曾认真听课，跟随老师抄下笔记；想起自己曾埋头在书本上做题，偶一抬眼见着被点到黑板前解题的男生抓耳挠腮，老师调侃着，同学们哄堂大笑；想起黑板角落上每天提醒着当日一字简称的课表及值日生名字。你环顾着周遭的桌椅，不禁想起曾与同桌唧唧歪歪着还不下课的课；想起课间时分大家围在一处的闲谈笑语；想起曾传过的纸条，还有帮同学传纸条时险被老师察觉的惊魄荡神；想起那些女生不允男生抄的作业，男生对女生的恶作剧。每次联欢会前，这有限空间被装扮得花枝招展；每次家长会前，空气里浮沉着集体性的有人欢喜有人愁。如今重读青葱岁月，这所有之所有皆是暖馨的场景。

小学，中学抑或大学，当年停留的教室溶解了你我学生式的喜怒哀乐。尤其中学时代，承小启大，渐脱了儿童般的天真，总还是成年前独有的青涩，似存更多故事可说。也许你曾在升年级时移动了教室位置，记忆不止住在一处；也许你转过学校，较别人多出平行印迹；也许过去的校园不复存在了，回不去的你只得以新面盖旧点，于一片熟稔中纪念往日少年情愫。那时候，我们生活在几重门里，冀图长大与自由，渐渐才发觉，长大后的自由远不及想象中痛畅。重访青春之淳美，便是回望十五六年的学生时代，去点检那些大多留与了教室的光阴。

你在这里回思，记忆中的千头万绪似被解了锁。素日也常念得旧时校园的人与事，乃几分“思而到”。目今真真切切回了此地，触物感旧，对景生情，许多琐碎于脑海之底被打捞起，竟

是一桩“到之思”也。身临其境的怀想毕竟不同，有如读了万卷书终要去行万里路，“到”总比“思”另有一番坐实的体受。这青青学生路，每一站皆有值得温习的情味。当你重回就读过的教室，就好像湖中一叶扁舟后知后觉，荡回岸边重寻未曾在意的风景，那些离岸时被你淡漠的美。

亲爱的你若有一天成了教师，教室便是缘分的归宿。若你恰好在自己曾就读过的地方传道授业解惑，迎来送往一代代学生，你将与那教室里的青春愈来愈远，而于这青春里的教室，却从未远离。

俯瞰城市万家灯火

入夜，万家灯火是城市熟之又熟的画面。这灯火几乎每晚都在，如同日出一样寻常，我们有时融入其中，有时与之相见。某天，若你想安静地赏一赏它，则要为自己寻一个“观”点，那定不是习惯的角度。未妨去高处俯瞰吧！究竟是寒是暖，唯有你能表你心。

登高某处，以立足之点环顾四周，此点即是置身所需。城市夜景收之目底。这般收取破了人与城市原有的比例，有一种抽身统望之感，仿佛你在望着一卷流丽的画。白昼，晴暖的日照是自然光线，而黑夜原本是昏暗，以电力人为撑起的灯光异彩交辉，是一桩华美。各种颜色的光从不同建筑物里发散出来，素白的，柔紫的，虾红的，橙黄的，宝蓝的，湖绿的，将长空笼出一层浅浅的亮，与淡星冷月共分了夜色。

都市中楼宇有的是，楼宇中灯火有的是，似乎没有这些，也就没有了都市之夜。楼宇安安静静地站在那里，近大而远小。一幢幢高层民居连成一个交错的面，如此望去几近是平的。楼面规则齐整的窗口里灯火在不规则地亮着，好像浸泡的方孔纱网被拎起，网洞上那些有水与无水的随机。远方的光点愈加细碎，像长夜空疏的边缘，遥邈而神秘。说不定某个屋顶也正有眺望城市的人，只是你们觉不到彼此罢了。

当你我在城市之内，便是它的部分；当你我在城市之上，它便是我们眼中的部分。常常以为自己靠傍着城市，也许因为我们总是身处其中。座座高楼似重重迷障，我们每日进进出出，有时依旧忖辨不清方向。日间疲于奔，累于忙，奔着满足温饱，忙着实现价值；夜里不时有落寂出没，那些漂泊之酸楚缺失根的归属，却仍夹带着困惑式的希求。快乐有是有的，像果酱，薄薄地被安排在两片面包的缝隙里，就像涂在生存压力之间，要我们拨开才更显明。是故忽略后的发觉会有一点恍然。当夜幕降临的时候，到城市上面去俯瞰万家灯火，对着满目繁华摆弄摆弄你的心事，做个梦，再醒来，或许，乏亦被解了大半。

黑夜本身引人静淀，又有一道道光束串起遐思。从高旷之地看过去，多少往日的熟识宛如在围城中，在棋局里，是悲喜的自我沉迷。也许，城局里的我们不是不知渺小为何物，只是惯于把它作为自己的整个世界，忘却了看似毫无关联的更大存在。那存在便是眼格。你所能望见的城市夜景不过是将一切抽象的东西视觉化了，使人触目有思。“孔子登东山而小鲁，登泰山而小天下。”倘若讨添眼前的高度已令人憬然有悟，则不必多言宇宙太空了。

久久停在这清夜之中，看路上车闪过，知楼中人在着，好像面朝灿烂人世与无际风景，不必全知而只需单恋。在时间的巨大表盘上，这个时代的所有人同行着，却又分隔着，应有的距离使得多数人互视不到，各自生活便好。谁也没有能力说清楚全部人的事情，但所有之所有就在逝去那一秒成为最最真实的历史，而这种真实是无法成书使后人知的。沈从文先生曾对景生情地慨叹道：“我们平时不是读历史吗？一本历史书除了告我们些另一时代最笨的人相斫相杀以外有些什么？但真的历史却是一条河。从那日夜长流千古不变的水里石头和砂子，腐了的草木，破烂的船板，使我触着平时我们所疏忽了若干年代若干人类的哀乐！”是的，历史是一条河，是我们不能完全从书上读到的东西，这点滴世事属于正在经历的每一个人，当是自惜自珍。登高抒怀，城市之夜令人如获曼丽的温暖。

“灯火万家城四畔，星河一道水中央。”白乐天当年美雅一醉，醉在杭州夏夜。而今，物质文明使得现代繁华无以名状地繁于斯，华于斯，更何止杭州？

闲走农贸市场，体味原本的存在

农贸市场为一处交易所，人们多因购物而往。是日，天气与心情皆好，你逛着市场，或许不似常时的匆来忙去，却特为走走那一番市井繁华。

行在场中，路过不同摊位，蔬菜水果肉蛋海鲜活禽土产粮油调料及各种食品制品的色与味，一径归入你的目与鼻。

蔬菜是多态多姿的一大族群。不管圆茄子抑或长茄子，那份绛紫总是很深邃。讨喜的紫色自洋葱而出，像一盏盏小紫灯笼。那么小红灯笼不消说当是西红柿了。洗净的胡萝卜显露本来的橙色，与那些还沾染着泥土的同伴是两种风格。几根芹菜笼作一束，轻巧的叶子垂在台子边缘，有时会随着人们过往捎来的风而动。带刺的黄瓜与光亮的青椒俱有一种葱绿色泽。当然，正宗的葱绿还是来自大葱，可那大味儿也非它莫属。冬瓜片片切开，鲜嫩的豆角扁平青绿，白中微黄的菜花让长叶包着，土豆、山芋、山药一类，看起来敦实质朴，使人觉到一股乡土气息。一些摊主吆喝着，以菜美价廉引着大家来看来拣，选好上秤，或经讨价还价，再付钱找零，客走主仍在。

水果是多态多姿的另一大族群。那菠萝本是穿着铠甲的美人草，很多摊主熟练动上几刀，即刻帮菠萝换了衣，使其露出带有螺旋刀纹的娇黄色旗袍，溢出甜甜清香，化坚刚为纤柔。有的摊主出刀更为精心，留下的痕迹便是错落小孔。业已成熟的香蕉鲜黄得可爱，而有些顾客倒会选买黄中吐绿的，因能在家中稍放两日，不必赶着吃掉。芒果的金黄时而透出一点红晕，一个挨一个守候在那里，幽幽体香发散出来，对顾客尤是一种含蓄的吸引。西瓜身披一件绿兮兮的袄，这块花布尽人皆知，夏日当中更能被人频频想起，以花布的反面，那红色里子来解暑。荔枝的面子却是暗红，小红球们生长在一起，被摊主一束一束扎好成形，也有一颗一颗散落的，凑在一处也不孤单。整的买来送人，零的买来自吃，互不相识的人们大多依此拣选，倒也像是达成了共识。

散装售卖的商品就像大排档一样无隔，使人觉得亲近。花椒粒与大料瓣的气息重合飘荡，这股味道用处不少，待它们投于烹饪中，助美味出锅，便多要被人们菜成身退了。你正寻思着，一个回身遇见了红枣的皱纹，核桃的肌理，还有花生的脉络。往前走，见着大米与小米挨在一起，可谓大白配小黄。分别捞起一些，细一瞧便注意到，每粒大米上会有一个白色的小点，而每颗小米上则有一个黑色的小点。要是放在生物上，只怕得讲出胚胎胚芽胚孔之类，而任性地想一想，也说不定这小点点是同类才能解读的代码。一样是白黄组合，白面和玉米面却以粉末登场，身形细腻有加。红豆黄豆绿豆排在一起，会不会让你想起交通指示灯呢？再往前走，你嗅到翠色海带散发出的一点腥味，无人领走时，那些绿丝们就在器皿中伸展放松着。人们他先她后，一块一块地买走台板上白细细水嫩嫩的豆腐，这价廉的美物，你要不要也来一块？腐竹坚脆硬朗，虽与豆腐为近亲，性格却大不相同。黑木耳收缩着，轻盈的身体泛起一层白霜，像一朵朵低沉的干花。若是捆捆粉丝可算作各种迷们的实物代表，偶像又在哪里呢？

肉蛋海鲜为市场中荤腥的一部分。你来到这片区域，看见已宰杀好的羊肉牛肉以及猪肉或挂起或摆在台上，红白之间还夹杂一点血丝。刀具斜在案板旁，案上有金属与血肉交涉过的痕迹。那边摊主叫卖的底气很足，全因自家海鲜的活灵。你眼见虾儿不时地跳起来，鱼儿在水里游来游去，蟹儿自顾自吐着泡泡，买卖成交时，也许它们以为自己会获得自由，却只能是换了颜色，爬上人们的餐桌。

鸡鸭鹅鸽之类的活禽为市场中荤腥的另一部分。它们被圈在笼中，那只秤正是命运的界点。鸡总喜扑打自己的翅膀，棕色褐色白色的，落了一地鸡毛。人也总喜掐着它的翅膀来将其传递。一只鸡瞪着眼，张着嘴，你仿佛看见一阵鸡鸣从鸡腔奔出。“落尽灯花鸡未啼”，此时灯花尚未落尽，鸡在啼，却啼不出

"鸡声茅店月"的意境。鸭子扁扁的大嘴使它们显出一点憨态，而被填之物一样会从这里灌进去。掰扯不开的鸭蹼为人类提供了启示，于是潜水员有了划水的脚蹼，鸭子们就未必会先知春江水暖了。曲颈、白毛、红掌，鹅还是鹅，可它们在这里已不能再向天歌、浮绿水、拨清波了。看着鸽子"肩脖一伸一缩扭来扭去"的样子，你也许会想起小说里张爱玲和姑姑一起捉的那只鸽，有惊有恐有怒的鸽子到头来什么都不会有。木心先生亦曾思解过鸽子——"凡是鸽子，尤其是白鸽，叼着一枝橄榄叶的白鸽，就是不折不扣的和平，全世界男女老少都知道，唯有鸽子一无所知……一次、二次世界大战，鸽子从了军，一方称另一方为敌人，鸽子当然是敌鸽……从鸽子的命运看'世界的荒谬'，已如此昭然若揭：一忽儿是圣灵，一忽儿是祭品，一忽儿是佳肴，一忽儿是天使，一忽儿是奸细，升平年代则点缀于街角水边，增添都市风光……"

养殖者往往要精心照料所养，这情分的缘故里少不了人的收利。有情即无情。在农贸市场中近距离感受这些动物，毕竟不同于在饭桌上遇见它们，你也会动一点点恻隐之心吗？佛家虽忌杀生，然我们的先祖远远早于宗教而生，他们本就食肉，故而人们对热量能量之获取可以有遥远的依据。鸡汤鸭汤鱼汤，鹅蛋鸽蛋，焖虾蒸蟹，各种炒肉烤肉，营养又美味，更何况这类动物生来不受保护。不过大家的态度又非一成不变。当禽类流了感，其自身或许就像人类遭遇地震洪水时那般没奈何，但因威胁到人，传染到人，它们千该万当被抛弃，待禽流感告一段落，一切照旧。鸡被吃了还有鹅，鹅被吃了还有羊，羊被吃了还有牛，那牛以后呢?

日日复日日，农贸市场的每一日都如你这一日所见情形，唯觉以闲心走下来，你的见闻似乎都源自一个安静的角度，想得或也更多了。

逛逛交换商店，体尝另一种交易

你可听说过交换商店？可晓得在那里获取商品的方式不只通由金钱？想来我们都会有闲置之物，用的、玩的、摆的，不乏各种被冷落的缘故，未妨带上它们到交换商店逛逛，尝试着以物易物。这一舍一得之间，很可能有意想之外的收获噢！

走进交换商店，店面或许不大阔敞，倒也是个小百货的意思。各种商品经陈经设，几近每样一件。旧物们从某商店出手，到了某人家，又回归某商店，未知还要流入某人家。每个不同的点串起某件物品的轨迹，却没太多人在意。它们不会太旧，在这里似更有新的样子，构成一个新家，就连家的主人也不知何物会在何时从何处来。从前居民区里，常有人来摆那种交换地摊，人们依其定量，拿几件旧衣物换他一样新东西。那时至多换一些盆桶盒凳之类的日常用品，而如今交换商店里种样繁细，还有专门的交换书店，亦有人通过网络换物换书，各得其乐。

“别针换别墅”的故事，你大约有所耳闻吧？故事主人公是一位加拿大男孩儿，当然，他换取的且是有限期的别墅使用权。不过，能以一只巨大的红色曲别针经十几次辗转，到底如愿以偿，也称得上一件奇事了。这样的物物相易，其实是彼此按需交换，为各自情愿。然既定了换取条件的，如居民区里旧衣物换新东西，则是交换的主动方事先于价值有所估量，为相对等价之交换。按需交换时，物与物之间的价值往往不对等，甚至不具可比性，但恰好就像对某些选择的诠释——无有对与不对，好与不好，唯有需不需要，适不适合。

交换商店是从交换中生出的一环，属有条件之换。来到这里，人们虽还以各自需要为目的，然换取已由直接变作间接。你的物件先被估价，后依此值在店里某个范围内拣选你之所需。满足了价值对等的前提，再来满足需要，这正是等价交换。不过，等价与需要之间本无必然关联，亦可说，与你物等价的，你未必中意，而你中意的，未必与你物等价。店主一般不会应允换客用小抵大，你也一般不会甘愿凭大得小。对那些可能存在的双向差异，彼此或以物齐，或以钱补。倘使完全循着人之本性，怕是来客皆要以小换大，那便乱了。交易场所算得一处媒介，无管实体店面抑或虚拟平台，毕竟需索价值定准。市场中的交易当然要有所规范，只有个人间的交换才依彼此意愿而行。两种方式各存各好。

记得早先政治课上，“1只羊=2把斧”可谓经典公式。古人当是进行过诸如此类的交换吧。于现代人来讲，用惯了货币这种特殊的一般等价物，购物之悦或可源自偶尔不同的购物方式。当我们脱却货币，以付出自己现有来得到自己想要，便好像穿回了久远时代，去体验那种原始交换，颇有些新鲜感。用自己的闲置物品作交易，虽是己之不欲，却你也持旧，他也持旧，同以不欲换欲，便就各取所需了。这般之获取时尚而环保，不浪费旧物又节省了新物支出成本，值得一试。况他者之旧，于你却是新，此中说不定有故事，故事里说不定有人情。

在一个向前向钱发展的世界中，以物换物不过小小乐趣而已，真正急需的还是要去买的。更何况许多人不喜二手物品，但凡有点条件，则不愿开二手车，住二手房，甘心为这点条件而奔波。那种不与金钱交涉，纯粹以物换物的生活，我们不能也不欲，因而难解其乐。我们只是愿知，人的价值如不能落定在物质表达上，便仿佛有点缥缈。

安排时间去跑步，跑出自己的节奏

跑步是我们再熟悉不过的运动了，简单到可称之为一种本能，也早早被计入学生的体育成绩。学越上越高，及至毕业，我们终于入主成年人的忙态。挥别校园以后，你还记得跑步这件事吗？应当没忘——在赶不上那趟公车就意味着迟到的当口，你脚边空气定是极速流转，似哪吒风火轮附足，直到一如既往被满车陌生人挤成相片，这才安心。莫非我们已退化到只在追之一刻释放本能？不管时间是金钱抑或生命，皆是比喻，时间到底还是它自己。安排时间去跑跑步，当你跑出了自己的节奏，你会发现，跑，真是值得。

至于晨跑还是暮跑，倒有一处择选。我们素以为清晨没有人车之喧，新鲜而安静，晨练遂成了多年来为之观之的常在。然此中尚有误区。早上，近地面空气中浮荡着前一日污浊之物，待太阳完全升起，经阳光紫外线充分杀菌后，方有空气的净与纯。是故老年人打太极、做早操之类的锻炼活动在八九点钟以后较为适宜。可这一时候的我们多已上班，运行了忙程序，一天下来，至多有工夫在大楼里对着楼梯爬上爬下。不过如能坚持不理电梯而不离楼梯，也是种健身呢！要说跑步，怕是挨到每日晚饭前后才有空当。总之，可以安排合适自己的时间，在去家不远的操场或者沿着你家附近的小路跑一跑。

匀速慢跑起来，便开始了有氧运动，呼吸和心情皆随脚步而爽然。以自己之跑对着旁人之走，可能已有些不惯了。糟糕的还不是这，久未运动，一开始你不很适应，没跑多远路就累得不行，也正是锻炼急需。毋要怀疑，多跑上几回，身体便慢慢受之，自我把控每次跑步的时长与路程，有规律就好。你一前一后摆动着两只手臂，它们在身体两侧近似平行但不会相交的轨道上各自画弧，如水中双桨一样是前行的助力。重新亲近了跑步，途中还可一时两用，顺便听听英语也不错，让耳机传出一些动感旋律也很好。身轻之则心松之。那感觉就像上惯彩妆的皮肤在素颜时分最为畅达的呼吸。目中是一个起伏的世界，人与物有节奏地上下移位，空气加速流动，送来路边各种味道。早景或晚风是你的朋友，偶尔换了跑步之地，亦可凭此方式与新朋友交流。

若你想强身或者减肥，不妨试试跑步之法，也给生活讨添一份健康。意欲收效显然，则要坚持为之。到健身房通过器械锻炼未尝不可，但要是连跑步的简易都坚持不来，就更难讲去健身房的持续性了。如没把握自己会否将破费化为浪费，你只消登一双跑鞋去户外跑跑，便就动身动心，与天然为舞，更聆风赏景，自由如飞。其实，同一条路上的每一则来回都不可能一样得完全，单就路人这一元素已在分分秒秒变换着，不是么?

走升级了，即为跑，所以大家才会略带不屑地讲某个人——还没学会走呢就想跑。自然规律是可以被信仰的，走不稳的人确是不可跑，跑了也跌。那么与之相对，走得太沉重亦是包袱，需适时跑起来，为自己减压。没有硬性的成绩要求就不会有作学生的紧张，跑步就是跑步，原原本本。若有兴趣，也可为自己计算时间，感受变化。有奔跑潜质的你，或许会不知不觉展露能量，甚至跑出点名堂云云。毕竟潜力这家伙总喜欢与你我捉迷藏，一旦忘记找它，它便不悦，愠而不出。

短跑是偏重于速度的快跑，有一种激情爆发，长跑却是偏重于耐力的慢跑，考验体能。都云人生是一次长跑，终点在生命尽头。因此，一个人承受生命的能力愈强，正道的执着愈坚固，足以支持自己跑完全程。在跑动之中，内向的你发散着自己，外向的你沉淀着自己，各有所获。你觉得外界在变，仿佛一点一点变得可知可行，可亲可近，可喜可爱。但其哪里有变呢?明明只你在动，它们的种种不过是你的感觉，却已足够了。世界从来不会为某一人而改变，只是我们换了看世界的方式。调一调态度，一切自有道理。

村上春树在写中跑着，在跑中写着，一字即一步，一步即一字。跑在生活里，慢跑在慢生活里，那不就是我们希冀的自适悠然吗?

散步在雨后的天阴里

雨来之时，你隔窗望着雨中有一点泥足的人们，兴许还会为自己正身在室内而约略庆幸一下。那么，雨去之后呢？到未晴的天地间散一回步，如何？

晴日忽变，天光黯淡下去，狂风聚一个方向义无反顾地飞奔，奔之奔之，灰蒙的天一闪一雷，再闪又雷。明明是相约而出，光和声却像一前一后冲过终点线的两个跑步人，差一点即是有别。这雷阵雨噼噼啪啪，倒算个劲捷的意思，没欢实多久便停下了。又或者，是一直沉沉的天气终于引出一场连绵雨，滴答滴答，没完没结，像在诠释细水长流的道理。总之，无论此雨怎个来法，皆是雨过天未晴，遇见彩虹之意这一次是不可如的了。那就暂歇一歇手中之事，到天阴里走一走吧。这雨后的天阴。

推开门。路边新湿的尘土泛出阵阵潮润之味，空中的浮气被蒸发，躁气被湮埋，有一卷乡野泥息沉淀下来。你深深吸气，恨不能纳这清鲜多一点入肺，却也不得不长长呼气，守住一种平衡。无有晴光破云出，天色虽还是雨前阴沉沉的样子，但到底未全然。雨后，目中的一切皆爽。经过涤荡的空气仿佛只剩下其中的澄净与通透，无怪人们常以水洗一般来形容所言之物那种清亮。水分即是养分，行道树一概吸收，就像是敷了补水面膜，泛出层层新绿色泽。房舍亦静洁如斯。雨水洗过的街景，似刷掉了所有繁杂，还自然以自然。

地上的雨迹仿佛宣纸间水墨在写意，此处淡淡轻痕，彼处浓浓重彩，寸寸留白，正是迈步之宜。层阴不散，雨气过后独有的凉风吹拂着周身，你悠缓地走在一条小路上，宛如在享受清新之浴。何等舒惬！偶一抬眼瞧见墙壁低矮处，蜗牛在浅浅蠕动，你屈下身来静静看着它，竟有儿时的乐趣。在这样的况味里陪同家人漫步，聊聊琐碎之事，很是舒服。或者刚巧恋人在身边，你们牵起的手沁染着雨后芳馨，脚下是恋曲之谱，四只脚的每一步都踩在浪漫的拍子上。两个人就这么简简单单地走走，哪怕不谈情也不说爱，更能无声胜有声。这样的脉脉是不语，却非不得语，那么，此刻的“盈盈一水间”自然也不是它本来的意思了。

下雨是种天气状况，常被归为坏天气，谓之天公不作美。天阴，便是这坏天气的序幕，很多时候亦是尾声，就好像止住了啼哭的婴孩，泪雨虽消，情绪却只来没走，不见散去。如此倒也哭出一个所以然来，使人更想要亲近这情绪。雨后的天阴，有一味含蓄之妙，仿佛一切都没动，又仿佛什么都变了，变得温润有光泽，用心体味方能乐在其中。你笑颜在心，蔼然在面，一步一步走在雨水滋润过的大地上。在这可贵的当儿，你未许自己任由那些不如意左右，生活的舒闲安适便即刻在身。这般天然之满足，往往成本如此低廉，岂非落落可爱?

泥土的素淳有根有脉，被每滴雨水灌溉出芬芳。雨后散步，在那片天阴里往来，以我们的赤子之心去问问自己——是否每一个问题，皆须有一个答案?

沐浴七色光，凝望一抹彩虹

孩提时，雨后偶然见着彩虹，总没有成年人附加的那些喻义，只童目中一道美静的弧，见就见了，欣悦着。后来我们晓得，彩虹常在文字间舞，在绘画里动，也明白了它不会在每一次风雨过后。

夏日。阵雨初歇，天幕沉沉直对地上阴润。少顷放晴。太阳满满，照着半空余留的水滴，倒引得阳光原本的色彩排展开来——赤橙黄绿青蓝紫，折一段天路，拱在空中。于视野开豁之地望向太阳的对面，便看见了彩虹。

如是，当骤雨后的晴光洒落水汽之上，你置身在空旷地带，触嗅清凉尘土之味，眼中是远处的七色光。那一道彩弧，多数时候只现出太阳光圈的一部分，似寻着拱桥轨迹，却未必如桥一般横划在水面之上。光线的七色各有其位，每一则颜色皆有不同弧度，赤色弯得最深，橙黄绿青蓝依此减下来，紫色弯得最浅。这般朦胧式的透明美感，仿佛手中七色彩笔排定了次序，随意向斜上轻撩出去，从说不清的此端画向了看不清的彼端，有一种梦幻，清新里还痴缠着几许醉意。

大自然造化种种，许多时候奇不可言。某一回，当我们落定了惊艳与惊喜，深深呼吸，目不离视那一抹彩虹，仿佛看到了最流丽的盛绽，很觉得幸运。又那种恐其转瞬即逝的爱怜，是因着什么而起的境味。到底缘何而起呢？大约是梦吧！被城市遗忘的梦。雨过天晴是彩虹显现的自然条件，而日日穿梭在林立高楼之中的我们，因着渐已难展的视线，似慢慢养成了半明半昧的睡态，常常在忽略，忘了变换角度，忘了转换心情，去感受一些本应享受的东西。这时候，微调便有本能之快乐，只是我们容易高估它的难度，从而放掉了一些快乐。给自己机会走出包围，才存更多时刻去追美，赏美，纵是耽溺于美，那样的耽溺，又有何不可呢！空山新雨后如见一弯新彩，会不会清凉而秀韵？

凌空的七种颜色搭起一座亦真亦幻的彩虹桥，连接着天上人间，发散出仙境柔光，似一首飘渺的诗，拨人绮思。远望着它，看其与天云交芒，令你神怡心旷；靠近了它，宛如多情牵念一个神话，一个传说，无际无涯。“行到水穷处，坐看云起时。”也许，我们不能知道究竟哪里是水穷云起之地，但心底情愿信着一个奇迹。如恰在某个刚好的角度望过去，仿佛守望着人生七情并在，是一种完全。《礼记》云："喜，怒，哀，惧，爱，恶，欲，七者弗学而能。"与本体之物素颜而见，所以忘却情思，安然自适。其实，这太阳光原就七色，不过是借水看去，才有这般不常视人的景致，倒因此而被珍。或许，人之潜能也有相似之处，需经一定条件才被显露，有时连我们自己也未能料及。迸发，经常是掘出一股奇特之力。

"虹收青嶂雨，鸟没夕阳天。"雨尽晚晴来，落日里不见了飞鸟，却一抹彩虹浮于山间。在如此空明的境界中凝望这弧线，像是做了一个清梦，莫问醒不醒来。

赏冬雪，添点调调

冬又来，在这一年一年的寻常流转中，为末亦为初。雪，像是冬的故人，二者重逢自有定，某年甚至一季未见，却并不减淡故情。无管我们恰遇雪来还是知雪来过，看一看雪态，赏一赏雪景，思一思古人雪水烹茶，让雪色暂净一净烦恼丝也好。

雪不同雨，雨是有声的，如一段旋律，似更赖于听。我们谛听春雨绵绵，夏雨潇潇，秋雨潺潺，或者还有冬雨寂寂，仿佛自己情在雨中。“少年听雨歌楼上……壮年听雨客舟中……而今听雨僧庐下……”词人一生如斯，更以听雨成此一重“有我之境”。而雪是无声的，凭听则难有所获，若言听雨，便要说看雪了，久看可入赏。类似电影中某些细腻情节在于无有对白，以肢体及镜头语言来表，引人为之定下，或看，或赏，因人，随心。

隔窗而望，雪正纷飞，其瓣悠悠下落。一推窗，有雪花就势拐进来，你伸手拦过一枚又一枚，绒绒凉凉化却了，掌心中余下一点浅浅雪痕。合上窗，你静赏起空中凌乱的素雅——为着这雪，天地之间本不相干的事有了交集，万物任他移动静定，皆是雪色。那静着的种种到底静默，于此随分从雪，没有言语表情，没有脾气态度，不会犯错亦不能感恩。那动着的自然是人了，偶有不甘从雪摆布的，抖抖晃晃地意欲雪中脱雪，总归是一番剪不断理还乱，如同平凡性命染到了乱世尘埃，看得见纷扰，看不穿往来。

待雪歇，一切便是静白的画了。这画亦耐赏，远近皆宜。“开门枝鸟散，玉絮堕纷纷。”门声惊散栖鸟，鸟飞倒惹得枝头簌簌雪落，此等雪味真真羡煞城中“囚人”也！你可愿出门寻觅自己的雪梦？纵是遇不见“黄狗白狗”，望不到“积雪浮云端”，也会有身临雪境的雪趣。若更存赏梅之意，便索性踏寻一回，那“疏影横斜”的梅儿可是“占尽风情向小园”？梅和雪的香与白，想必已无需烦请骚人一评，直入你目鼻而来。

将冬与春相连的，常常是雪。你对着那些春雪之句赏一场早春的雪，也蛮有意味的。“白雪却嫌春色晚，故穿庭树作飞花。”——要说这且是雪自身的性急，那么，“天有惜花意，恐花开染尘。先教微雪下，始放满城春。”——便是雪的受命于天了。

我们还可学一回鲁迅先生，念一念雪的南情北态，得一家之言，作自己的雪解。雪愈往北下愈类北国的性格。朔风凛冽，劲健的雪常怀着一点细密的紧张，满满都是故事情节，有时需一连几日才可讲完。雪愈往南下愈有南国的样子。雪花飘逸出温雅与秀润，像一层轻盈白纱，穿着穿着也就透明了。熟惯苍茫飞雪的北人到了南边，或觉雪兴未尽；及至东北的冰天雪地，或也令南方柔客诧叹厚实。看来南北之差素来有的，在雪事上便可见一斑。

白昼，闹市区始终人来车往，无管雪前雪中雪后，大家都在那些经纬路上穿行，各有各的去向。只是雪后，许许多多脚印与车辙善将道路上的积雪染色，黑色的雪泥本是出于人们自己，却自己也生了几分嫌恶。被污掉的鞋子和裤子要洗，被溅脏的汽车亦要洗。我们厌于雪天路滑生发的诸多不便，尤是在交通高峰一刻，本就爱堵的路更是堵你没商量。当急气躁气都冲上头顶，对雪有心思怕是太多余了。诚然，人是人，雪是雪，人可以不去理会雪，就像雪亦不想来干涉人，那些坠入了幽僻角落的白雪，不在你我必经的路线上，故还是素洁。不为某一现实功用而用的东西便一定无用吗?

观将军射猎，“雪尽马蹄轻”。城中的我们，也会在雪融后让自己的步子轻一轻吗?

细赏一回烟花

若说胭脂是女子的晓妆，烟花便是天空的晚妆了。我们愿静看淡妆的娇俏女子，也愿醉赏凝妆的绚丽天空。涂胭脂，胭脂不过作了人的配饰，放烟花，烟花却成了天的主色。细赏一回烟花，让它也绽入你心，心便如天。

在节日的广场或者晚会的现场，当夜幕燃起烟花，人们皆仰面而望。你听到轰轰之声远远传来，如闷雷响过，接着，所有烟星从中心四散开来，生出带刺的光芒。那一秒，似乎美至无喻无比却又只能用比用喻——每一颗烟星之路都像火柴划过侧面擦纸的轨迹，又像流星闪过长空的印痕，星星点点飞坠成一场流星雨，同样稍纵即逝。你只好目不转睛，若不然，眨眼之间将失去一朵盛放。故烟花之灿烂只以秒计，不待吸收，下一秒已烟消花落，就像花掉的妆容。形异色繁的种种烟花，如桃心、笑脸、新

年数字等等，盛放出来更有虹的缤纷。多少烟花彼落此起，使得高空一闪一闪，火树银花，织成似昼非昼之景，映着他的正面，我的侧脸，而你，眠醉在这样的夜怀，不肯醒来。

也许你会和朋友们一同分享烟花的低空奇美。咻——嗙，一声声绵婉入空，紧接着一记记脆落爆绽。好像无情恼了多情，竟也恼出个道理。那烟花筒表面不动声色，内里却向半空抛出一道光柱，发散地迸射出无数星丝，金色烟火照亮了周遭地面，晃着你的眼睛，真有几分“光摇银海眩生花”的意思。一些常见的烟花宛如吃食原味之味，百赏不厌，那种黄中泛白的光束就像极其细密的菊瓣，却更短过花期。又或者你与恋人漫步在海边清夜，染上一身星月的凉意，举头见着烟花绚绽出冰蓝色的光芒，冷艳而简净。这场烟花仿佛为你们而来，像一束蓝色妖姬，更添了爱之美幻。蓝色的爱情又是什么呢？是生死恋么？

你可知几十年前，一些孩童亦有他们的自制烟花。那多是男孩子为之——从挂鞭上把穿着红衣的鞭粒拆下，拔掉引子，令之哑然失声，然后掰开却不使折断，再将其放在地面一根小木棍上斜垫起来，点燃中间裸露的黑色火药沫，闪躲，专注地看——没了声响的鞭即是呲花之态，跳跃着火光星子，嗤嗤入耳，硝味入鼻。一只鞭粒不过大拇指长短，倏地便就尽了。那般乐趣虽说简易，倒也归作一桩烟花事，余下一点记忆。

烟花有着欢喜的气氛，却与炮仗大作时旁侧人们难以互言互闻的大吉大庆，不属同种情态。烟花自有如梦如诗一般的画境，可看可赏。你看过它吗？赏过它吗？看与赏仅一字相差，已然分开了动情之浓淡，用情之深浅。细赏烟花，这“细”字又何解，或也因人而异。多愁善感的你，可能会在烟花盛极转衰的那一瞬喜忧同出，于安静一刻落入深思，思及青春，思及人生，亦思及自己目下的苦乐。倘说黑夜为苦，烟花为乐，则光与暗的强烈反差易令我们觉得乐短苦长，大加苦乐之距。其实，忧叹“夜未央”不如说人的心情未央，所谓“以我观物，故物皆著我之色彩”。伤叹“昼短苦夜长”，苦夜再长，对北半球来讲也无外乎冬至那一日，翌日之夜便开始短了，尽管人的感官难以觉察，但微变亦是变。本场繁华落幕，生命中下一场烟花正候在不远处。黑夜是可过的，烟花要再来的。当规律是一条线，生老病死只能顺遂；当规律是一个圈，苦的那一点，你不会久留，乐的那一点，你还会重游。

细细地，赏一回烟花，以我们各自的方式。若你未曾对着流星许过愿，那么，对着璀璨之夜默默许下一个烟花愿，同样很美的。

到陶艺坊玩泥巴

幼时，我们喜弄橡皮泥，那是一种拼捏的童趣。五颜六色的泥巴钻进小小指甲，满手的不清爽，却对着自己的所造玩得很是入兴。然橡皮泥至多是孩童玩物，如今的我们若想来点比之更有意思的体验，未若去陶艺坊玩玩泥巴。

当你来到一家陶艺坊，看着坊间摆放的各式陶制品与墙上展挂的陶艺照片，嗅着空气中弥漫的陶泥香味，沉醉在清雅空间的艺术气息里，便是暂与红尘绝缘了。

或许陶艺师会介绍给你，古代那些精美的彩绘陶，是在烧好的陶器上以彩料再绘画。你见着陶艺培训师正在指导学员如何于陶坯上描绘花纹，询问才知，那是工艺稍为复杂的彩陶。再看看同玩泥巴的人，有几个在那里摆弄着软陶，还有人正安安静静地学做着陶艺饰品。

你放却心思，在这里同陶艺师学着拉坯，脚下踏板调节起拉坯机的转速，机上圆盘带着陶泥一圈一圈旋转，好像一张正在播放的老唱片。窗外阳光舒舒绵绵，落在你的身上和手上，亦融入转动的陶泥，满满皆是柔亮的暖意，真真一种慢生活之悠然。陶艺的泥巴全然不同于儿时摆弄的几块小橡皮泥，触感细腻顺滑，不稀不稠。看，那深棕色的泥巴温软得沾满双手，仿佛巧克力酱一般诱人，你仔细莫要入口啦！

这拉坯我们常于影视中见到，又唤作走泥艺术，是一种基础而独立的陶艺形式。拉坯机上做出的多是瓶、罐、盘、碗之类主体为圆状的玩意。初学的你极有可能把握不好力度和方向，拉不起陶泥或是把个简单的圆边弄得歪歪斜斜，且愈是着急愈是搞得难堪。如此，你需拿出一些耐性来支持自己，心说这本就是一场泥巴游戏，我们又何必于休闲时分，不自觉陷入素日学习工作的紧张习惯之中呢？试着让自己在逐渐放松下来的平稳情绪上活动脑筋，出错，调整，再出错，再调整，纵是学得如何慢，也总会有亲力亲为的收获。人生原不易，快乐未见得在每一段经历的终点，亦不仅停落成功者身上，只要你于自己途中朝着目标方向微笑着努力，便就是快乐的意义。当你大作告成，心上定觉满足，诸般不好终是自己的，他人虽好本与你无干，这该是一份真实的心声吧！待陶艺师拿去烧窑定形，即成自己一件独一无二的陶瓷制品。你亦可选择不烧窑，待泥干后，倒也更是陶土原始的色泽与美感。

如不借助工具，尝试一下陶艺的纯手工制作，亦很有乐趣的。把陶坯揉搓成泥条，用泥条盘制的方法层层粘连出你想要的物形，仿佛回到了从前用橡皮泥塑造，却不只是童稚的事。这简单的技法有着一定之规，亦具随意性，就像人生在世总归要有一份坚守和一些灵活，适当分出不同的节奏来，才不至乏味。你还可依着坊间一些活泼有趣的成品，或是自己喜欢的造型试试捏塑，用刮刀挖空一些不需要的陶泥，用牙签或筷子点缀勾勒，完成一件独具创意个性的工艺品。诸如此类的制作，是在慢慢熟悉陶艺思维和技巧之后的自由发挥，你在无限延展自己的想象力与创造力，手中陶泥表达着多样的情感，无有束缚，惟是新鲜。

若说定要到陶艺坊去学成什么归来，这样的计划本身就隐着些许压力。那么，到陶艺坊去玩玩泥巴，会否更打动你呢？在那般安闲舒适的环境里，能有像点模样的物件出自你手固然是好，独独收获两手快乐一样很快乐。

在哈哈镜前尽情哈哈

还记不记得有这样一种镜子，当你立在它们面前便要笑个不停？没错，就是哈哈镜啦！你的童年回忆里它占了什么位置呢？后来，哈哈镜在公共场所慢慢消减了，我们也就渐渐淡忘了。某天，若是想起来，你会有意跑去照一照，笑一笑么？这样尽情地哈哈，你能否笑出小时候那种快乐呢？

如今，手机和电脑已有相关软件可效仿哈哈镜的意思为我们拍照，高科技总是善解人意，考虑得很周全。要是你满意于此，有了哈哈之态，亦不错的。但对着机器生笑，这感觉似不尽如过去站在真正的实物面前来得那样彻底，是吗？倘有兴致，你可到本地科技馆、游乐园、镜子店之类的去处寻一寻，看看经年阔别的镜子，还会不会亲切依然？

答案应当为肯定的。当你再次现身哈哈镜中，一样会为自己的怪形奇状所逗乐，且镜子愈多愈有“笑果”。你的脸不时被压成面饼，不时被挤成包子。停在这边，你的身体以脖子为中心点向外发散，大头大手大肚在动。走到那头，你的双腿被拉长得找不到脚，一步一步就像踩上高跷，可就尽了兴。有时候，镜子不知上下，你倒立的功夫很是了得！有时候，镜子不合左右，你分解的本事真是厉害！一个不经意，你就入了瓜类族群，一会子是长长冬瓜，一会子是瘦瘦丝瓜，一会子是圆圆西瓜，一会子是扁扁倭瓜，原来这镜子是瓜地啊！一个不留意，你又变了动物模样，一会子有了鹰之眼，一会子有了象之鼻，一会子有了鸭之嘴，一会子有了猪之耳，一会子有了长颈鹿之颈，原来这镜子还是动物园呀！

“哈，哈哈，哈哈哈，哈哈哈哈，哈哈哈哈哈……”怕是不待你去思这“哈哈镜”之名取得真顾义，剪都剪不断理一定更乱的笑声，已是最大的事实认同。乐得抚掌、捧腹、开花、翻天、弯了腰、吃不消、前仰后合——单使哪一个词似乎皆不足以形容照镜之反应，怕是要合叠几个甚至全部用上才好。就算你有忧愁之事，它亦支撑不住的，被照得五出六进七扭八歪。暂丢下烦恼，疯疯痴痴一回也好。转身瞧瞧，你与“笑友们”倒也默契，连没有不笑成这般模样的。谁与谁凑在一面镜中，都好像一幅有情节的漫画。任是帅哥美女，纵然再俊的脸再顺的形，来了此处，皆一塌糊涂。偶像与丑星更何来分别？或许，直到重新站回哈哈镜跟前才晓得，笑之本能，其实是我们大多数人心灵深处无法完全泯灭的童真。

言及哈哈镜，你是不是也会想起旧上海？想起那时人们白相大世界？人未入却已闻门里笑浪滚滚，何故？门厅十二面哈哈镜使然。男女老少打镜前经过——是想经过来着，可遇见新奇搞怪的物事，不等笑够笑满了，谁肯过去呢？这进门的头条不只能解闷驱乏，更是颇具娱乐精神了，笑得很有生命力。如此故事，依然在许多有年龄的上海人记忆之中。

我们每天都要照镜子，在平面镜中看到完整的自己，尽管是反像，却无碍正衣冠，保持面容。想从前那女子“照花前后镜，花面交相映”，使两镜而更知自己美丽，但良人不在，“花容月貌为谁妍”？不过徒然。若要她动起借酒浇愁的念头，只恐终会落得“日日花前常病酒，不辞镜里朱颜瘦”了吧？以镜观己，乃人之惯常事，中有悲情喜绪，甚至亦可以无悲无喜。而以哈哈镜观己，则不在察貌，却在允许被调侃，因而人见人喜，大喜耳。不过是物理上一个凹凸镜原理，便能开解你的心怀，又花不得几个钱。原来，快乐的缘由及成本，未见得全如我们所想的那样有高度。

灵魂与人格的扭曲是为抽象，我们常以此来否定要否定的人或人们。然哈哈镜里整个人的变形是那样具体，你，我，他或她，大家没有办法不看不笑。扭曲变形之结果是丑陋怪异甚至恐怖，竟能对着自己的各式丑怪之态发笑，正因我们明明白白得知道，这不是真实，这是与真实全然迥异的假象。看到了假象，那可是眼睛欺骗着我们？也许有时候，你与某些东西近在咫尺，反被中间的人与事或无意折射或有意阻隔，最终，你所能看见的，未必是真相。

生活不能缺少乐子，别忘记还有那样一种找乐的镜子。站在哈哈镜前，权当那里面的自己是一种直观的自我解嘲吧！

放飞写下烦恼的彩色纸飞机

烦恼是“不速”的，倒也称不上“客”，因人客总归要走的嘛，可烦恼的本心从不想与你我暌隔，常变着方式亲近我们。那你又如何待它？有没有试过将它写在彩色纸飞机上放飞？横竖大多恼事非心急可解，稍娱它一下再议不迟。你莫要小觑这游戏的分量呢！

白日迟迟，在一怀青翠草坪中松缓自己，就着衣上阳光的暖晒味，把身间烦心之事用笔慢慢诉诸彩色纸笺。如以蓝纸写下生活的焦愁，以黄纸写下工作的压力，以绿纸写下青春的迷茫，以红纸写下情感的困惑。还有许多色彩供选，任你安排。若一色代一恼，则愈是五颜六色愈是愁烦多多，这时的鲜艳便不全然为好了。写毕，你发觉有的心烦即是心结，是秘密，委实不宜与人述说，如此，放飞一事也自有道理。当你把带字彩纸一下一下折成

飞机，定会想起从前与之嬉戏的画面，只是那会子的纸飞机没有载重。有种简单折法好像是一抹挥之不去的孩童记忆，以至现在仍可信手拈来。一如学会了骑单车，任是久久搁浅，何日骑来亦不忘却的。重拾那些不经意，遂有丝丝难讲的小喜悦。

折好的彩飞机叠藏起烦恼，这般亮静。想起曾和小伙伴们一起持机玩耍，大家哈一口热气在机头，仿佛这样便能飞得远些。你笑了，学起旧时模样，也哈了哈机头，再把飞机从耳侧拉到脑后，扬起手腕，择一个锐角位置用手臂之力送出。你望着它刹那向前，烦恼被带到空中，飘飘悠悠，最后落入铺满日光的草坪。想来玩纸飞机少有一次罢手的，或许是短短几秒未够尽兴的缘故，终要在送飞，拾起，再送飞，再拾起的简单往复中才更有乐趣。你是不是也像个孩童一样玩起来？看着彩纸前飞，侧飞，打转的样子，总在盼它下一次会更高更远。有风荡来，这家伙可要没主意了，甚而至于落地动作亦不从容了。若双手齐放，便好像它们比赛似的，怕是烦心较重的那一只会坠得更近吧？

将烦恼写在彩色纸飞机上，于户外追逐飞玩的过程即是自我遣怀。色彩本身可引人更多注意，是一种视觉舒缓与调节，与之互动也是在锻炼你的心理承受能力。诸如此类的同自己倾诉，为自己消解，是基础的独立调适，我们皆当学会。小飞机从你手里飞出，划过一道彩弧，瞬间点缀了大自然，如拍下其放飞一刻，便像是定格一朵娇花。飞与落之间虽是短促，但在单纯的循环里，不堪的种种已被放走，徒留优美闲静地落下来，作了草丛的新友。字迹上的情绪尚是可辨，分量却渐渐稀释——它还在，它已不在。

我们成人后的生活愈加立体了，天真褪淡至无，忧心打包增厚。这些负荷需索一项健康的排遣方式。纸飞机是一份童真情致，于你感到郁塞的当儿，且借童年玩物脱解成年烦恼，不失一种有趣的交合。一段时期内的不快就像患上感冒，而写、折、抛、拾的良性运动如服下没有副作用的天然药剂，总好过放大病痛的呻吟。你亦可约上三五好友，大家一齐放飞而互不扰私，使之成为野郊时的一环游戏。人生之理未必不出自有益的笑语欢颜，也许是你平素紧收惯了。

一场释放过后，莫使你的烦恼转作环境的烦恼，记得丢它们入垃圾箱，或者展平夹在书里放入抽屉。那些纸上折痕仿佛是坏情绪的道道切割线，某日重观，能换取会心一笑亦好。面朝日后不速之新烦，你当早有自己的抒解了吧?

简单相逢，亲近地下铁

地下铁就像城市的纹理，人们乘坐着它，仿佛在这城市中拥有一段曲折又独立的空间。当你一步一步走下台阶，慢慢离了地上空气，与许多相看不相见的人相向而行，迈入一道左右张开的门，便是允地下铁引你去寻，带你去到。速度里有一种均匀的情绪。

经常乘坐的你，可能是每日上下班之需，那种眼神和动作似乎皆当用习惯来解释。两只小耳机乖乖地卧在耳里，又或是两只大耳机胖胖地盖住耳朵，垂下两股或黑或白的线，从某一点开始融合，最后聚到手机插孔之中。眼前陌生的人们与耳内熟知的旋律是被拼接的两个世界，有可能十分不搭。你不时在手机的脸上划一划，推一推，读一读，笑一笑。若是捧一本书，就更像读上某个连载，成了定时而又自然的动作。要是睡去了，也因着一身疲乏遇见了匀速催眠吧！

偶尔乘坐的你，也许会生出一丝浅淡的新鲜感，甚至浅淡到自己都懒得去搭理。火车窗外有擦过的昼夜之景，汽车窗外有泛起的日光月色，虽是都横着一层透明的隔膜，倒也看得几分明白。地下铁却一直飞驰于墨黑的隧道，只在每一个进站时分送来外面的世界，那灯火彻目的大厅会不会让你模糊了白昼黑夜，浑未晓身在何方?

坐着的时候有一些放松的舒服，落定的沉实。坐在行驶方向左侧的长椅上，你身体的左边会带动起右边；坐在行驶方向右侧的长椅上，你身体的右边会带动起左边。不过身子的左右配合得太无分别，也就像是谁也没有理会谁。但这样的座位决定了你的姿态——向前方横行。横行亦无大碍，不霸道就好。人稀之时，厢内空落落的，你邻座无人，对座无人，眼前亦无人。窗外漆黑之幕作了玻璃的水银，你坐在这里便可直视那里的自己。有时惬意，有时落寞。

站着的时候总要扶稳，可即便你稳扶了，看起来也比座位上的人更有飘忽感，遂想快快逮住个位子。不过，一个不算问题的问题是，在地铁或者公交上等座，毕竟没有在银行排号办业务那样照顾先来者的情绪，看着后到者一个机灵的步法便瞬间比你矮了半截，大可不必记挂在心上啦！你倒是能因为站着而主一主自己前进的方向——转身便就正身了，不必一路横行到底。方向变换还带来视线延展，你望到了更多的人，还有远处的“站友”呢！这也算是较座位上的人们有了一点自由，如你愿意认它作自由的话。当然，要是车厢的乘客越来越密集，什么自由都是浮云了。你没选择地与陌生人交叠成不透风的帘子，任那些相对而坐的人们愿不愿互视，皆看不到了。

好天气，坏天气，原本是地上的事。每每人们的伞上身上沾着雨水雪水，脚底湿滑，从地上来至地下，便免不了使上下之间有了天气的关联。地下铁不同于地上车，不会拥堵，不需久等，快速便捷，是环保的大众交通工具——这些甚为熟识的理由使我们某些时候自然与之在一起，交付了自己的一点光阴，同时亦被回复一点“光阴”，那便是车厢内通透之光与隧道中晦黯之阴合成的黑白画面。也许常来偶往，也许或坐或站，简单相逢便就亲近地下铁，以你的光阴亲近它的光阴。

随意买一张票，搭上某趟地下铁，没有目的地，就这么轻轻地信一回，如何知道它不开往春天?

驻足街巷，听流浪者之歌

几十年前，一部名为《流浪者》的电影风靡一时。七十年代末，那些特殊经历尚未冷却的人们于此有了轰动式的群体效应，不同年龄及层次的人各有各之看点，甚至不少人将多情之结直系到今天。拉兹与丽达所谓门第迥差的纯爱里隐着社会开的一个玩笑，而那首漫溢印度风情的流浪者拉兹之歌，有一道轻柔的酸伤。

行无定迹，居无定所，无论主动与被动，流浪者便是以这般方式过活。如今的流浪者之歌大抵来自流浪歌手，他们以唱为生为乐。若你在某个街头刚好遇见，不妨顿一顿，去听听流浪者之歌。

一人拨弄着吉他，或者还有一人打着鼓点，散散的节奏，淡淡的旋律，简简单单的配合，以此般形式唱起某位歌星的名曲，应是不同境味吧？他们有的亦能自作自编自唱，三者合一，自得其音其乐。有热艳，有疏放，有低回，有抱郁，你会否喜欢上这从未谋面的原创呢？某一刻，当那歌声在晴日里流荡，在凉风中悠绕，在微雨间清润，经日光或风雨送入半睡的耳朵，也许你会暂忘了行路，静静欣赏起来。一曲过后，你同其聊聊天，为着相逢即相识的缘分。若你愿意，给他们一点钱，如此之往来相比于浩荡慈悲，倒是一则涓涓细流。

听熟了电视里的男星女星，看惯了节目中的老牌新秀，偶尔换个口味，赏一赏那些没有润饰的现场演唱，也是不错。对流浪歌手来讲，他们的舞台未在绚熠的聚光灯，未在讲究的服化道，亦无热诚的粉丝。从某一街巷传来歌声，不论有没有赏音，这角落都是流浪歌手的社会舞台，人生舞台，较某种被安排的表演更为真实，更为随意。掌声与彩声，便是我们这些路人过客不经意的给予。

花花舞台太过诱人，那个聚焦的中心是多少歌手之美梦，但有时，台上台下的太多事情也会繁杂得破坏了艺术的澄净与音乐的真谛。流浪歌手以自身的经历解着音乐，唱着故事，那是底层生活的喜乐忧怨，是一介小人物的苦辣酸甜，却依旧掩不住执着之梦。流浪是体验世间百态的一扇窗，真爱音乐，真爱自由，就更愿将本我放归至自然之境，不渴求早日被拍被掘，而享受每一次乘着天然放歌，信奉水到渠自成。不为名利的音乐梦想往往能予人纯粹的喜悦，亦予我们纯粹的感动。此刻，唱功并非唯一引人的元素，不过实力了得的流浪歌者也不乏其人，我们不是总言高手在民间嘛！

其实，你我皆是人生的流浪者，大快大乐不多，一路漂泊，跌跌撞撞，跌掉了满意，撞坏了如意，纵是千般不满意与不如意在怀，亦要寻获散落在地的小快乐。这大小的快乐非因社会等级的上下而加添或消减，高低贫富各有其哀其喜，一味抬彼贬此是未够自信，一味抬此贬彼是自负有余。当然，终要发光的金子谁也难阻，由下至上而尽量不流失自己的本真便是好。无可发光的非金品是平平的大多数，记得让我们的开心缓缓流动便是善待卑微。像用心灵自在而歌的流浪者一样，莫忘快乐也是你我的本能啊！

真正的流浪是种远离，真正的流浪者之歌里亦有种远离，到底远何离何，你将以耳对口答心。

翻看旧报纸，触摸旧光阴

新事件每日都在发生，很多信息具有时效性。报纸，是这些新闻及资讯的纸质载体与传输媒介，新报纸每日都在出炉。我们看到过各种日报，包括早报和晚报，另有周报、双周报等等。你可曾见过旧报纸吗？你见过的最旧报纸又是何时的呢？翻看着它们，会觉得有意思么？

某一回，当你在家中整理物品或者查找东西时，偶然发现包裹着某物的竟是几年前的报纸。将其展平，暂停手中之事，就这么大约瞧瞧，也算是忙碌里有点意外的小小插曲。那一年那一天发生过什么，非由这报提起，你还记得吗？某一年某一天发生了什么，在某份老报上，你想知道吗？

看过家里的一点无意留存，若觉其兴未尽，你还可到图书馆、档案馆及藏书楼等处，目睹那里的收存。亦能复印自己感兴趣的，或是付费制作仿旧的。愈是年代久远，纸张愈有米黄色的陈旧感，页之四周尤其浓重。岁月早已蚀掉了印刷过后独有的油墨清香，一些报上还染着片片渍痕，融在白纸黑字间，像是被洇开的斑纹。褶皱，污损，飞边，那些我们出生前的旧事，那些我们父辈甚至祖父辈出生前的故事，是一种遥远的消息。

有机会查阅到晚清之报，看看当时记载便会发现，那大多是为知识分子所观的文言文，你可读过此种？民国期间有不少文人、企业家等民营办报，报人——这样的讲法似乎很有境味。追念着旧式纸媒，自右向左观览着竖排繁体之字，文白相杂之句，或许你的思绪亦会波动起来。是时，革命与战争裹挟着罡风，卷起乱世尘埃，蒙向天涯地角，山身河面，满是愁惘之迷离。如今，一切荡远，有报童扮相的男孩挥喊着，那“号外”，不过是戏中道具罢了。旧时候，作家发表文章、连载小说常常经由报纸，有一定社会地位及影响的人士结婚与离婚，都会登报声明，公之于众。你可寻到一则否？后来的报纸，文字变了横排简体，从版面设计到语言风格，不同时期亦有不同变化。你感受到那些改天换地之振奋，那些移山动河之定计，皆是深深的时代诉求落下的厚印。再后来，报上有了越来越丰富的色彩，带来更多视觉美感，或许你家里的存货便是。

时至今日，我们获知新闻的途径，除却报纸，还有更为迅捷的电视和网络，而手机可随时随地上网浏览的功能尤是简便，连碎片时间亦能连成片。不过，报亭依旧在路边，报箱依旧在楼下，买报看报，订报读报，依旧是一些人的习惯。高科技电子产物自有其强大的市场需求，内中优端弊端，倒是衬出了传统消费一路延续的平静。半个世纪消逝，一个世纪远离，老去的物件还在这里，任我们寻觅重读或者忽视遗忘，它们都是有依有凭的记忆。抹去诸如此类的确证，何知朝向何处回首与思省？一份真实可触的报纸现于眼前，没得多少斤量，惟穿在时间身上，一切才愈加深厚，有了价值，成为收藏。纸质图书亦如是。

历史被置于书中，会经过提取并将重点细化，特别是教科书，意在诉明历史之脉络。当报上的内容一天天沉入历史，就像一种积累之变，这份直观使我们更觉生动。再者，某年某月某天的某事，若不为要闻，无关大局，怕是只有你读取当时之报才晓得，为新鲜付之一笑。宏大的历史既定既知，打开旧报，可能吸引着你我的，反而是许多许多小事情，小篇章。某个角落的好词好句，几时读来仍有味道，当下的一些词句依然好，却不乏有作者对自己的东西见诸报端一事并不知情。于发表知情的，过去是被采稿，拿稿费，天经地义；如今是找关系，花银子，地义天经。真个功夫在文外了！刊登，从为贤到为利为人情，谁之无奈？

读旧知旧，读旧更知新。近一近陈年老报，宛若原地剪一缕日月入怀，时光就在我们身后，究竟它苍茫抑或静美，你转身才知。

徜徉在博物馆

博览群书，乃览平面之书；博览万物，犹览立体之书。平面者与时间为伴，立体者于时间之上还需与空间同行。行在博物馆，我们以眼观，以心观，于是思绪长长，情感纷飞，爱上这一种引人缅想的幽怀。

分门别类为博物馆一大特点。在繁富的种样里，有历史文化类，如战争史、地方史、文物古董等；有科学技术类，如军事、交通、农工业等；也有社会生活类，如民族民俗、服饰等；也有文学艺术类，如文学、美术、戏曲、建筑等；还有纪念类，如某个主题或某位名人的纪念馆等；还有自然类，如自然博物馆，水族馆，动植物园，天文地质馆等等。当然，除却这些专门性展示，各地多会有那种大型的综合类博物馆。还有一些地方不乏别具风格的展览，被称作特色博物馆。另有一些私人出资开办的博物馆，当算作是“独乐乐不如众乐乐”的很好诠释了。

你可以有针对性地搜集相关信息，拣择自己较感兴趣的去参观，也可不分界别，前往各类展馆看一看。每每抵临新的城市，如有机会造访当地博物馆，便会使行程增色不少。

当你走进馆内，遂感一味雅静清和之气亲面荡来，进到内里更觉一派凝重。室内灯光并不通明，所有光线显得幽暗而深沉。那些黄白色灯光有几分朦朦的柔美，淡蓝色灯光泛几许寂寂的冷艳，点点分散在深色天花板上，聚焦在玻璃柜窗内每件展品身上，相互调和出一种氛围，令你很是自然地融入了。展厅设计与展台摆排皆是馆内装饰，衬着物件一并在展，浅浅淡淡的优美。

随着讲解员阅览，你能接收到一些专业介绍，那抑扬徐疾之声透着随身的喇叭发出来，训练有素。凝视着眼前的历史照片与战争实物，伴着耳畔解说，你投入了真实的情节，叹怀里有一份敬畏。若选择自己观览，则是自由式了，不多时，你便恍若与这里相连一体，没了生疏。一面读读展品的配文介绍，一面抄写两句在本子上，随手记两笔心得，或者有选择地拍几张照片，当然要遵从博物馆的相关要求。驻足在某一件珍品前，细细观赏，厚厚的透明物虽隔开了彼此空气，已无法再靠近，却也仿佛是最美好的距离。置身半环形的海洋世界，湛蓝，澄净，望着水中游物在你周遭摇头摆尾，亦算是与它们有了一回亲密接触。在博物的行程即将完结时，购得一些与此馆此展有关联的物品，日后忆起，也是真切的纪念。

小时候，学校会组织我们参观本地区博物馆，大多是关于历史与自然。因人数所限，那样的参观纪律性较强，亦因年龄所限，我们的记忆与理解尚不完全。故受教育之效果，常以一篇篇须上交的观后感作结。曾到过的展馆，观过的展览，日渐模糊。懂事以后再回去，我们已有了变化，博物馆或许也添了所藏，这时的游览更是一种凝思之深情，或者一种明白之享受。徜徉在各个丰饶领域，就像打开了一场室内旅行，甚至能较步途走得更远，不时与那些陈列的风景点头微笑。这看似平静的一切风物，怀着种种灵动故事，独独使我们在心灵与之交流的地方感获惬意。不虚此行。

每个人皆有自己的回忆，用一些珍藏的老物件堆起的昨天，是今朝与他年之根。国族亦然。博物馆是一个国家的群体积累，一个民族的文明进程，一项文化软实力。这会说话的记忆宝库，很多时候已成为免费获取知识的窗口，我们可以在有限空间内展开无尽心绪，拓宽的视野里，有一种深度思考。

漫步在美术馆

美术馆当属博物馆的一类，可自成其美。漫步在馆里，如能凭心体味到艺术所构筑的艺术世界，便也值得行路于凡尘的我们，将心付与这一片净土。

也许，你会喜欢在馆中欣赏油画及雕塑等作品。有些美术馆的装潢较为讲究，中心展示墙经过设计安排，将室内分隔成相互接连的空间，或有规则，或有个性。顶上一盏盏小灯发出绵柔的亮，光束聚焦在油画的各种色彩及雕塑的各种情态上，就像锁定在舞台中心的演员身上。装裱于相框中的几幅画横排在楼梯一侧的展墙，随着台阶升起的方向依次加添高度，满足了你的移动观赏视线。彼处转角一个不经意的回身，或许就会看到某一雕塑正立在某一方体展台上，只等你来欣赏。有些展厅则是直通通的，没有任何空间分配，完全像一个长方体或者椭圆体，更像一个大盒子，展品布置在四周，一望入目。大厅中间或有供观览者休憩的长凳。你站在某幅画前，又斜对着它坐下来，从两个角度观赏着，油画中的人物与风景都美如照片。

也许，你会喜欢在馆中欣赏国画及书法等作品。展馆里，画卷两端的木轴遥遥相望，中间的那些内容已被展平，或横向固定，或纵向垂挂，地上铺就的瓷砖仿佛是一面镜子，将其全部倒映在脚下。若是木质地板，便要透出白蒙蒙的光点及黑乌乌的阴影了。到底书法的古拙奇趣与沉雄高韵皆为何物？思绪慢慢沉淀下来，读一读这墨迹，或许你能悟到些什么。水墨丹青中的植物之情与动物之趣，仿佛正在落款前的小诗里流出丝丝感觉来。自然山水中的一点茅屋，一点花草，会令你忆起王维那一联“雨中山果落，灯下草虫鸣”？还是刘长卿那一句“溪花与禅意，相对亦忘言”？

生活浸透现实，艺术盛放浪漫，而在浪漫的形式里亦不乏对现实题材的表达，依旧是来源于之并高于之的道理。有时候，从艺术的角度望过去，被关注到的并非生活里最堪入眼的人与事，但那些人事终究在艺术创造者的手中得到了美的联想同发挥。油彩与水墨到处染色，雕之泥与刻之屑沾来飞去，尽管这看起来未为美观，却正是造美的过程。

如果你觉得高雅的浪漫不接地气，不易理解，难免令人因抽象而产生距离感，不妨换个角度，以艺术的思维细细琢磨。譬如裸体画之所以成为美术的基本功与必修课，自有美学范畴的一番道理。展现在绘画与雕塑中的赤裸线条，是人身最本体之形，是不知遮蔽时原始而古老的诚真，文明进化早已使我们在生活中永远失去的，通由人体美术倾诉出来，怎不值得一赏呢？触动人的方式有很多种，漫步在美术馆，你很可能会在某个瞬间被莫名感染，思解的程度当由每个人的艺术修养而定，但只要我们有辨认美欣赏美的欲望就很好。

在美术馆里，常有各类作品巡回展以及主题企划展。不过既称之博物馆，珍贵藏品才应是常设展出，是一座美术馆的实质内核，真正根底，可供观者从一赏一叹到几赏几叹。但现实往往不尽然。当各种展览成为主体，美术馆则要变作展览馆，这场地租赁的背后可是各取名利？假若愈来愈多的状况如是，艺术之真伪，常人又如何辨别呢？陈先生不欲“再霸个地盘成天给人瞧自己画了什么”，而一些所谓的艺术家更喜欢人们来“听画”，也确是有人不作观众作听众，听一听什么家境与背景，听一听什么光环与成就。遥忆当年科举，主考官欧阳修大赞卷上文章之好，因卷已由专人誊录且密封，疑是自己学生曾巩所为，故定之第二名，不曾想此妙文竟出自苏轼之手。这举贤避亲系士大夫的情操。目今时代巨变，大可举贤不避亲，然前提还是有的，所举若不是贤，岂不连可奉之圭臬亦被举没了？某些协会更是延伸了仕途风景，以年龄论，以职位论，以人际关系的周旋能力论，而不惟德才是论。某些乐此不疲之人便荡在两个场子里左右求索。其实，艺术皆是积淀出来的自然展览，《诗经》与秦兵马俑并没有成就艺术家，却一样感动后人，是经典艺术品。追根溯源，未知从何时起，留名已然化作一种意识，农人亦懂得要留下个“某某到此一游”，哪怕是代刻。也许，真正的大师不是没有表现欲，但至少不会绞尽脑汁去沽名钓誉，杂念私心愈重，愈难以追求到艺术形式与艺术价值的统一。

漫步在美术馆，当我们吸入纯粹的艺术，吐出浮慌的躁气，便是近了“禅心已作沾泥絮，不逐春风上下狂”的境界。

体验家居馆里不同风格的家

你喜欢家居吗？也会在悠闲一刻偎在沙发上，饮着咖啡捧着家居杂志慢赏么？光滑的页纸，清淡的油墨，在一处真实空间里触碰着另一些遥远的空间，已然觉到了美。可画片上的家居再美，不过是个平面世界，只眼睛这样器官尝了鲜。你会否有冲动进到画中，使整个人的感觉3D起来？去家居体验馆感受一下吧！不同风格的家仿佛真就在那里呢！

走入一间卧室，家具不多，装饰静朴，床柜同沙发随意摆设，浅色系的地板与墙壁像在流荡，营出一种简约之风。素净的床单平整无痕，这一秒，好像不舍得留迹于床的念头还在盘绕，下一秒，你已在床上和天花板的几点光束面对了。几点小灯俏皮在白日有光亮的地方，总显得有点单弱。推开两扇接顶连地的玻璃门，便触到了空气之鲜，太阳之味，仿佛这卧室卧在了内与外

Campbell
CONDENSED
BEEF
NOODLE
SOU

的适宜之处，你可以随时与屋外的一切来交涉，又可随时回身。

回身出了卧室，来到书房。一处无窗角落的顶上吹出个透明泡泡，里面发出一只灯的光，被泡泡聚拢着丝缕朦胧，尤其在书房，别有一盏诗意。书橱是木质的，与地板颜色一致，皆是木材的本色黄，木纹清晰，光照下更觉温馨。拐了弯的书橱紧紧顺着墙，作了直角的两边。你走近，能嗅到木料的独特香味。玻璃橱窗上正有你轮廓，映射得虚虚实实。里面的书更似博物馆中的展品，被人们观赏，内与外有着一对多的距离。旁侧桌凳皆由木料而成，使整个书房成一系列。周遭绿植同木色十分搭调。坐在此处真像休憩在古朴的村庄屋舍。

小憩一会子，步入客厅。有透着东方雅韵的厅堂，使你直感典秀雍容。桌上茶具端然而定，架上青花瓷盆的润土里系着吊兰之根，壁与顶之间是典型的中式雕梁，更有一扇正八边形镂空雕花窗嵌在壁上，壁如黄绢，古意绵绵。灯光缠绕柔媚，引来一分醉意。如能夜来推窗，也许会似江楼望远，瞥见城畔灯火万家。另有泛着西方贵气的客室。舒软的地毯上沙发像宫殿宝座，壁炉虽在着，却燃不出中世纪的温度。屋顶奢华的灯饰垂到半空，光线分散，源自每个托盘里蜡烛似的小灯。窗帘与墙壁一色，从中间拨向两边，露出白色窗格与格外风景。帘的顶端还是相连，所以窗外的风景有一个锐角，好像女生额前刘海受清风微吹时那一个小小的角度。帘子温厚，有种绅士风度，放下来直通天地。

厨房里也有天地在着，便是替代了墙壁的一扇玻璃门，就像卧室的那扇门一样开阔。你坐下来，光线正对着用餐的心情，桌上果蔬与插花有阳光投下的影子，仿佛吃与睡都要对着自然才是自然的。锅碗瓢盆各尽其态，油盐酱醋各归其位。在这边煮饭炊茶，所有动作会在一旁橱柜的镜子门里明明白白，到底是无法存储的全程记录呀！

卫生间的镜子着实不需有存储功能。灯光笼罩着四壁满满的蓝色，你像漫游于深海。封闭空间破译了水的密码，想来这里的一切事皆与水打交道，水中取净，一净解三烦。

有烦无烦且在阳台的秋千上荡一荡，看远山苍绿跟着你摇晃。脚边砖红色方口花盆里栽着绿叶红朵，芳馨透鼻。身前的小桌上一杯清茶，一本摊开的家居杂志。你笑了，随手翻起来，在家居体验馆里看家居杂志，是画中看画么？这个可以有。

如你正在购房装修的当儿，听罢导购员细述，也许会择定一款自己喜欢的风格。中式，欧式或者美式，田园清新，都市浪漫或者地中海风情等等。同种风格亦有不同设计，等等。

我们习惯在家中彻底打开自己，家是我们与我亲我爱的情感归属地，为象征也为实物。尤对宅人一族来说，家更像是密友。家居体验馆里，各式风格的家像一件件艺术品，给你全方位的享受。先体验再择选，不管选什么，似乎已经当了一回许多家的短暂主人，获得了实地感受。不过，大家的经济条件互有相差，不是每个人都能宿在满意的房子，房里有满意的家居。如此，只消在华美世界里走一圈，赏一回，片刻拥享也是满足。情同收藏古玩字画，在无力换取之际，某一时段内的近距离接触即是完完全全的属于，一切因此而值得。赵明城李清照夫妇亦曾深有此感耳。或许时间有限，更有莫名的珍惜，故有“书非借不能读”之说。

家居装饰本需物质支撑，是一项消费，愈高档愈显得奢侈。倘若转个角度看看另一面，将其作为艺术来赏，或花一点观赏的银两，使好的事物催生好的心境，可谓情趣。生活情趣是一种精神奢侈，一种习惯意识，更易于自我把握。也说不定你会在憧憬里觅见自我奋斗的动力。

在美中美着，能得到不代表不想要更多，不能完全拥有，或是真正的美。

咖啡馆里看漫画，玩一把混搭

清闲时，置身咖啡馆品味香醇之余，你更愿与友漫谈，与爱轻聊，还是独坐静思？倘皆有过经历，或觉听上去不那么新鲜，未若这次来点小混搭。譬如，到咖啡馆享受你的漫画时光。

一走进咖啡馆，轻缓的音乐便令你心倏地安宁下来。这不算豁敞的空间却常常能提供舒适的境味。黄温温的灯光或点嵌在屋顶，或点缀在半空，使此处之人与物俱有一层昏昏柔柔的暖调子。在如此光线之下，你望着室内养护的清雅绿植与素洁鲜花，更像遇见淡淡诗意。一点文字气息或许源于墙边的那排书架，其中亦有杂志和报纸横斜着，简简单单的感觉。墙壁上挂着一些装裱的画作及照片，无有规则，大约是随意摆排的。服务台旁侧停着一架老式钢琴，几盏烛火燃在这里，呼应着黄温温的灯光。窗帘被微微束起，再回看出去，外面的楼形人影只是在外面而已。

从一些座位旁边经过。你见着几把单人沙发椅随手围在圆桌旁，这散而不乱之感，看上去蛮自然，似余留去意，就像是刚刚走掉了人客。又见着几组双人沙发安然相对，中有小情侣分坐两边，其间隔放一张长方桌，却隔不断来来往往的纤细之语。三人沙发横于角落里，两个女生并肩坐在一起，低低地聊东聊西。还有更大的沙发拐作三边形倚靠窗前，几个柔软的抱枕斜在上面，一些独自来喝咖啡的人大多喜欢停歇于那里，零零散散的——某位中年男士着简净的浅色衬衫，依然挡不住其风度与修养；某位老太太悠然而坐，整个人的神韵气质似透过一副金丝眼镜散发出来，仍可窥见当年的目秀眉清。

融入这般人境，纵与一切素不相识亦有欣悦。渐渐地，你什么都不再去想，放慢呼吸，只本能让自己松弛。也许，你喜欢灯光那一点朦胧，更喜欢阳光那一点娇媚，便就坐到外间来清享。通长的走道上地板是木质的，顶廊倾斜着一个角度，百叶窗虽关着，晴光仍旧透过缝隙钻进来，窗子对面满是黑白相间的斑驳影子。这样一番晃晃悠悠的明暗，仿佛使你有身在船上的错觉。窗边的位子有柔暖味道，随便捡一个坐下就很舒服。你将衣物或提袋置于椅上，从包里取出一本漫画。点好了东西，纯白色的陶瓷被端上来，沁出一种光泽，连没有瑕疵。咖啡蒸腾出热气，如香烟一般旋曲升飘。你用小勺搅拌碟中之杯，听见清脆响声。勺子背面照出桌上甜点的样子。你饮着咖啡，食着点心，翻着漫画，苦一点甜一点又笑一点，一点点便好。抬头用手指轻拨开百叶窗的两叶，充足的光芒旋即洒落在漫画上，图片之色更亮丽了。

有时候，文字描写是用笔将所见所受在纸上造景造境，被勾勒的画面感即是联想空间，于是，某些情节就通由文字，从作者的经历中到了读者的想象里。画却刚好反过来，直接呈现在观者眼前，是以图代字的艺术。尤是漫画，即便寥寥几笔，也为有含义的镜头。你也可自娱自乐地给没有对白的画面配上文字，当然，不作解又何妨，一笑而过亦好。漫画有颇多类型，有的生动活泼，有的夸张搞怪，有的轻松幽默，有的细腻浪漫。也许你喜欢在四格漫画中回味，也许你钟情于治愈系漫画的温暖，也许你无有偏爱，只乐于随性翻翻。其实，看漫画就是直观的视觉体验，跟随那种表达，有笑有情有感动。你能沉浸于作者创造出来的世界，甚至走近其内心，或许更会有深获。

咖啡馆在欧洲人那里是一种交流方式，咖啡文化即是欧式文化，优雅之中泛着一点清新。到那里看漫画，乍一想来，可能你觉得这地方与事情有点气氛不合。细一思来，看漫画是种休闲，泡咖啡馆亦是种休闲，如为漫画的欣赏安排环境，咖啡馆未尝不是一个适宜的选择。将两种休闲扭在一起，也可让休闲一刻更休闲嘛！在咖啡馆里享受漫画时光，满满的都是情调。这情调，很多时候确是讲究出来的，但往往消费之真正品味并不十分奢侈，更源自一份精神上的在意。

“我不在家里，就在咖啡馆，不在咖啡馆，就在去咖啡馆的路上。”某一回，也带上一本漫画吧！里面会有咖啡馆的故事吗？

与婴儿亲密接触

万事万物皆有个起始，那婴儿便是人的本初之态，我们都不陌生。若亲朋家中新添了小宝贝，你与之来一番亲密接触，慢慢让自己安静下来，也许会有更多的慨悟。

婴儿的可爱多多，直抵人心，似无法尽诉于笔端，唯有守在其旁去看去听去感受。拨动你情绪的，是宝宝不时变换的状貌，正是新生命之奇妙。与这个世界相见后，小东西极不适应地开一开双目，从未有成人那么惊欢，只撅起嘴巴，探出舌尖，一个无所顾忌的哈欠打得流畅而又淡定，再回舔舔牙床，睁不眼开了。原来，将多数时间都留给自己睡掉才是一桩正经事。

待其稍稍大了一点，不再依赖于睡了，就更有意思些。你看到关于宝宝一切之一切皆是小的。嫩柔的脸蛋儿上五官娇弱，身间是肉肉的婴儿肥，两条腿不大能伸直，微微弯抬起，丫丫随意蹬着，脚后跟儿像一颗龙眼般大小，两只手也在空中比划着，张不开亦攥不紧。你将自己的手递过去，那小手会包住你的一根指头，也就只够包住这一根。莫看这“无齿”之儿平躺在那里自娱自乐，还不时发出“嗯嗝呢呀”的奶气，要是你打别处过来，慢慢走近，只一丁点脚步声被那灵敏的孩子摄入耳朵，便要向头顶扬起小脖子来倒着看你也是有的。再瞧瞧大人们早早准备好的小袄小裤小鞋，就像一件件艺术品，标致惹人爱。

哭，乃婴孩天生之武器，有万能的释义。饿了，尿了，拉了，热了，冷了，总之，非是哪里不舒服，便是哪里未合意。一旦你真的静定下来细听这泣啼，只叹幼弱的生命竟能有如此力量，倒也就不觉多么吵人恼心了。有的小孩子可是会欺负大人的噢！略略晓得了哄着拍着是享受，即觉被抱着终归比自躺着要舒服，因而有的哭声是专门吸引大人关注为抱一抱的。若是给哭了半天的婴儿大概明白了你是有意不来抱，被其他长辈哄拍止哭的同时，小

不点儿黑润的清眸会有意瞥你一眼也说不定。那淡淡的眼神似透着一点委屈，仿佛在说，不过就是想要你抱一下嘛！那浓浓的眼神似透着一点不满，仿佛在说，你不抱有人抱呢！也许，在婴儿那里，对人对事的全部意思都不大明晰，尚是个轮廓，但未可否认，再小的生命亦有其表达。张爱玲曾讲："小孩不像我们想象的那么糊涂。父母大都不懂得子女，而子女往往看穿了父母的为人。"这话在某种条件下是有点道理的。

当一对夫妻想要并有能力要孩子，那么一个新生命就被动开始了——人之一生能够真正自由从心的选择原本也很有限，如今，多少人欲以知识改变命运，这命运不正是出自原生家庭么?而从前那令人悲让人喜的"出身"亦是悲喜得没的自选。更加安稳的现世里，欲使孩子享受到基本的物质关怀，接受到良好的精神教育，身与心都能健康发展，为人父母者当提供适宜的成长环境。慎重造人是一种观念，即对生活现状有所评估，做好各种准备及安排。这观念情同极度受困于病魔且绝无治愈希望时"死"之以"安乐"，是人对生命尊严的一种深度解读，正因其理性深度而在感性上不易成共识。法定与政策系一项官方许可，曾经"计划生育"之下有违规，如今"单独二孩"之下有自愿。新政或可从宏观调控角度解决认定的社会问题，还可带来广阔商机，亦可使某些根深之物又多了承袭。张爱玲以自传的方式说道："她从来不想要孩子，也许一部分原因也是觉得她如果有小孩，一定会对她坏，替她母亲报仇。"这是张的性格与经历使言，也算作张氏思省吧！朋友，你的思省是什么呢？

父精母血，当胎儿被孕育在母体，便与一个家庭有了交集。既被生之，则自安之。婴儿是每个人的曾经，我们皆从这般大小而来。在家人的呵育下，吃睡吃睡就是一天，虽人事未通，但保证了不饿不困，生命就有向上的能量，一日一个样子。时间就这么流，五年，十年，十五年，二十年……你我上学读书，毕业工作，有幸为理想而歌，为梦想而舞，亦有可能歌舞到身不由己。年龄愈大，可回首的愈多。或许会在某一瞬突然发觉，原来父母的衰老就铺垫在我们成长的路上。

新生命本身是美好的。一代又一辈，一辈又一代，前人只静静躺在后人血液里，在后人生的时候再生一次，在后人死的时候再死一次。

捡拾幼稚园的遍地童真

“排排坐，吃果果”——幼稚园里，童宝们最是天然的萌态百出。找个机会与他们呆在一起吧！纵然是远远地看，我们脸上也会一直有不厌倦的甜笑在。

做早操了，瞧瞧，同班的小朋友们在操场上按次序站定，音乐一响便动起来。一个个小胳膊甩着，小手张着，小腰扭着，小腿抖着，小脚踢着。有的孩子能跟随老师口令，做得一板一眼。有的则是身体晃得较为自顾自，同时望望这瞅瞅那。还有的虽摸不准节拍，小眉头却一皱一皱，倒也蛮正经的模样。

吃饭一刻，老师在旁侧照应。你看到小朋友们都扶着自己的碗。几个胖胖的小孩吃起来尤其津津有味。有看上去不大饿的，每嚼一口就玩一下。有吃得不利索的，碗里碗外都挂着沾染菜汁的饭粒，连手上脸上也没让过，一片狼藉。亦有吃得极慢的，却是一种乖乖的慢，仿佛每一勺心的微型盖浇饭俱有它的道理，细细研究起来，不觉要陶醉其中。

到了午睡时分，孩子们吃饱喝足也玩累了，大多睡得香沉沉的。你走近小床，见床上有仰着的，侧着的，趴着的，也有把腿舒展到别人身上的。或许还能听见轻轻的鼾声，亦不必知晓是哪一个。总有入睡节奏慢人家半拍的小朋友，在那里不甘心没人理会，四处看看又摸摸，发觉大家确是安静了，才打个哈欠，挨到枕头上，眼睛半开半闭地眨一会子，直撑到没力气再打开，未情愿地睡起来。还有干脆不睡的，在床上翻来覆去，任老师如何哄都没意义，只要不扰醒别人，也就由他了。

游戏是快乐的互动，孩童们是不是句句达意，似乎没那么重要，就这么唧唧喳喳叫着，好像喜鹊有报不完的喜。你望着老师带他们玩起皮球，那一步一颠追球的样子，也不知是走是跑，就像一只毛毛虫在动，甚是可爱。还有小童刚从厕所跑出来，拖着没系紧的裤子也照样玩得尽兴。那边角落里，一个孩子因着什么不乐，孤孤单单的，或许被老师注意到，问一番，拉过来，重新融进了集体。

和幼稚园的小朋友在一起，你看到那些又清又亮的眸子，像是白色灯光投影在光滑的无底纹的黑色雨花石之上，还比那多出

些水晶般光泽，是童真。他们快慢闹静，情态各异，遍地都泛着童趣。唱一首歌，是奶声奶气地唱歌，惟是儿歌，甚至于游一回戏，也是允许耍赖的游戏，算作儿戏。我们已然转换成大人式的一切又被他们拨开缝隙，送进来烂漫的快乐。这样不谙世事的快乐为生命之最真最美，然儿童世界的无知终究留不住，亦因此而更为可贵。

每个生命皆是未被征求意见的降临，父母一厢情愿到底，用十几年之教养使子女成人，在岁月里捡拾起满足与欣悦，亦以个中之恩，弥补当年无从发出的疑问——宝贝，你真的愿意来到我家吗？为人子女者，最重的知恩图报莫过于回馈亲养的恩情，“常回家看看”入了法理，也终归是情理的事。两代人因缘已定，各作自我要求，却互不以自我功德为满，方是无私的亲爱。既如此，每个孩子非为完成父母的梦想而来，他们本该如幼稚园里这般稚语欢颜。放任其尽情玩耍，是遵循人之本性，而过早让他们担负一些成人以为重要的东西，也许会令其将来的童年回忆失掉很多美好，甚至功成名就亦难以弥补那种永远缺失的遗憾。培养孩子不是不可，当是一种适时引导，至于怎个适时，则是做父母的凭智慧为之了。填鸭很容易剥夺小孩子应有的乐趣。

当儿童是他自己的时候，没能力明白天真为何物，有能力懂得之人却不会再有那样的天真。每一个年幼生命看似弱小，却能以无限的力量向上，再向上，一天天生长扩大。你我都曾是这幼稚园里的孩子，都曾如此长大，都曾从无知到有想。待某个时候，我们大多还要去养育孩子，然后，为一个问不出的问题，准备好答案。

去医院闲坐，我在惹我思

常日里，我们多于染恙时去往医院，要么自己身体不适，要么陪同亲朋看病有需。倘若某天无事或某次诊毕小病意怀尚悠，闲坐医院角落，也许你会有一回自我沉淀。愈是综合大医院，坐观之心得愈厚。

在挂号窗口一侧歇息，久之你觉察到有几人不止一次穿插于长队，随后又相互凑在一处交流着什么，那便很可能是大家所谓的号贩。他们有些代患者排队，从而赚取跑腿费，有些则恶意高价倒卖医疗资源——限量的专家诊号，以谋不正当之利益。也许是挂号室确已忙碌到无暇分辨，也许是室内人心知肚明的里应外合。在这方原应素净的天地，各自的私利与麻木同行，投在了那些风尘仆仆赶来却雪上加霜的眼神中，投在了那些满身土旧而无助的焦愁间，亦投在了白色的道德上。

在诊室门外坐一会子，看病的人过往不停。怀抱婴儿的母亲急急擦过你身旁，来去皆是不安的风。走廊那一头有人悬挂吊瓶，正在长椅上欹倾眯睡。老专家的诊室闭着门，外面人满为患；年轻医生开敞着屋门，庭前冷落。病人心理总是更愿意相信花白头发与岁月皱纹，加之目今不乏专擅纸上谈医的新一代从业者，亦着实令人心忧。这进进出出的病患中，有老妇架着花镜，放慢步子辨识着病历本上的天书；还有妻子迁怒于丈夫，好不容易挨到诊疗，医生却为之轻描淡写；又有老叟与病友抱怨着一通开方的贵药。你倏地想起各类报道中纠缠不休的医闹，还有那颇为紧张的医患关系，带着点小惊魂起身离开了。

在交费与取药处，你看到同挂号一般的排队。中草药需凭医方现配，待取时间尤长，不少人都寻个座位歇下来等候。这边见着一个护士，和收费的人隔着玻璃招呼，加塞替人交费。那边药房里的医务人员，正隔着玻璃耐心为老人解答着药的用法与用量。这比对之态更有一层意思。

在住院部大楼里，你望见一手提着保温桶一手勾着汽车防盗器的人，前来单间病房探病，便知是有车一族。又见一病人在家属陪同下出院，主治医生与其一路叮咛着病后保养，送至楼外，才双双挥手笑别。这一别，也别出一抹明洁的暖色。

医院，是社会的小窗，身在其中便思在其中。再怎么安健的人，一生中亦少不得要和医院有点交集。此处的某些不公，某些合理，某些无奈，某些真情，俱是寻常的人事与风景。医生如不将患者视作应收的利，患者如不将医生目为把命的神，彼此去一些不能承受之重，添一些长怀理解之心，世上到底会多几分暖人春气。当我们看着那些为大病所折磨的人苦痛忧惧，看着那些家有重患的人焦虑疲乏，情知一切喜得悲失，皆不若生命之贵。病痛来袭时，财破而肉身更苦。我们素知此理，更当付之于行，以健康的生活方式加倍爱惜自己身体，莫使原本之理当，唯作了逢年过节互祝的吉语。

到医院闲坐，许是闲来然并不闲归。这一刻，我在惹我思，我们借所有眼中他物剖解自己，又启获多少物外之理。你我不是疾病的当事者，一番观之闻之体之思之，于人生行路的难易，似也一晌明晰。

聚散皆是缘，观车站人来人往

车站码头机场，日复一日的人来人往是民用陆海空的故事。水天辽旷，俱不离大地沉实——空暇时，我们到火车站走走看看是闲；奔劳时，我们在火车站久等之际看看走走是偷闲。只不以赶路者心情，便也如乍起之风吹皱的一池春水，任卿底事皆归之以平静。

在车站里起起坐坐，走走停停，你静静地对着纷乱，于人来人往中看见某人某物，想起某时某事，说不好飘来如何之思，也许几近无义。就任随它飘亦是种情理。

你见着售票处前或候车厅外，这边有几个人走在一处，生疏的神情上兼着外出之兴奋，那边则有某个人是一身独来独往的习惯，连神疲足倦时的休息都那么熟狎。铁路员工各自就位工作着，喇叭里的女声低柔提醒着哪一车次何时检票，哪一车次何时进站。所以，等，是车站里一个平常主题。有车票之人都在路上，出行前却是参差不齐的等待。小小一方纸上，黑色墨迹印着信息，在候车厅里，一个人会因这纸与许多人有缘同车，也会因这纸与更多人如平行铁轨般没有交集。

你见着两人远远而来，在进站口停下，一时言语相加，一时无话作伴。及至某刻，那一个抬步入站，且行且回头以目，留恋不及，只得用被行李占去的双手吃力朝对方努努手臂；这一个则在原地手口并用着，心上之不舍悉堆眼角，摇摆的手势或还能微微送远，声音怕是渐渐留给自己听了。仿佛话儿涓涓，一起的时候怎么去说，待分开一刻也还是讲不完道不尽，未甘有终了似的。两个人结伴来到，却剩一人若有所失地顿一顿，转身余给车站孤独的背影。不管几人同行，又几人被送入车站，来多而回少，即是送别。别至深处有离情。今日之离情虽不再如古人折柳相送，但定格的画面中依旧几许斜阳春愁，短亭长亭，亭外连天芳草。

你见着一人远远而来，在出站口停下，向站里望了几望，踱起步来。不时扶扶腕上表盘，不时瞥瞥手机屏幕，过会子电话响起，简明几句挂断。再一会子人群涌来，站口这一个于其中寻寻觅觅，你顺其目光望过去，见人潮脚下生风，而那一个的样子愈来愈清楚。当二人终于对上彼此，两面笑颜满是相逢之语，渐行渐远，你亦为其而动。一个人怀几分喜悦早早赶到，遇着那趟车子平缓抵临，所盼之人如期而至，两人相携乐归。不管几人同行，又几人被接出车站，来少而回多，即是迎接。大多数相见是重逢，倘若重逢前曾有一段深深离别，定会使这再次见面情意绵长。

每日，车站上演着太多太多这般之离合，倒也是其意义所在。早已看惯的我们因在自己途中，在自己情绪上，于身边经过的悲离与欢合的浓浓心思，少有为之稀奇。偶一细察，始觉生活里许多情节本是无法刻意导演的戏，鲜动而真实。有人“喜聚不喜散”，可世上热闹相处没个无了无休，当是在一次次断了再续的缘分里，才有珍惜。也有人就此“喜散不喜聚”，抑或性子里偏爱孤静之美，然生命轨迹却也不能因这性格而不与他人逢，哪怕是极短汇合。还有人二者共好，有得有失。车站里，到处有陌生人聚了又散的身影，总总是聚散常在。人们分合有时，其态明白如清水，你我可以无限靠近他们的思绪。

到我们都曾来往过的地方默默清坐，瞧瞧那些自远至近又从近到远的平平，看看那些来各有地去各有方的淡淡，当一回时间里阅读平淡故事的人。

参加婚礼，在别人的美事上回思

步入婚姻是多数人的选择，又多以一场婚礼来作日后的纪念。去参加他人的婚礼，将准备好的祝福换一档氛围里的鲜动感受，你会若有所想，回思久久。

一般去参加婚礼，也许你是新郎或新娘的亲朋、同学或同事，也说不定二人都是你的故知。再不然就是朋友之友这类较远一点的关系。男女主角的性格与年龄大约是这婚礼的底子，故而有些人趋于低调素朴，有些人会多几分青春式的跳跃。若你以旅客身份参与其中，则完完全全与己无关了。这些相关与无关终究都是他人事，唯有空气里浮动的喜庆并入呼吸，沉淀到你身体里。在别人美事上跟着一同微笑感动，是人情的相通。

传统的中式婚礼在乡下，喜事人家提早就有了类于过年的样子。是日，新郎前往接亲，新娘与自家别过。你融在乡里之中，随着大家遥望，那花轿如火团般踩着喇叭锣鼓浩荡而来，鞭炮在起落之间像碎了一地胭脂，只管是美。大红盖头炎蒸着喜气，新娘子迈过灼烧铜盆，进了婆家门，遂与新郎官拜堂成亲。村里孩童们有跑来跑去的，有蹦蹦跳跳的，那种幼小的兴奋是动于环境的天然之情。亦有不发一言的，咬着手指在角落里静静地看。主家宴客的婚席冲着兴兴轰轰而去，鸡鸭牛羊猪鱼虾蟹，似是应有尽有。村人的性格就在你来我往的酒碗里。这旧式婚礼是民间有根底的热闹，是我们自己的。

西式的传统婚礼设在教堂，且很多地方要求至少一位新人是天主教或基督新教的信徒。你走进教堂，宛如走进庄重安宁的深远处。高高屋顶上点点灯亮，窗外阳光灿白，坐在这里，你耳畔是古典音乐起伏，软软地毯，娇娇鲜花，厚厚圣经，无不使人感到素净雅洁。当你凝目新娘挽着父亲走向新郎，一对新人以“YES I DO”回答神父或牧师的经典问话，再互换戒指，唯觉整场婚礼像淡茶一盏，清而有味。

酒店婚礼是城市人常见的。一些人家会请婚庆公司来打理，在事前预订的酒店举行仪式，随后以肴席款待宾客，一对新人敬酒承福。你看着新娘子婚纱与旗袍交变，不禁赞叹伊是当日最美的存在。还有一些婚礼举办在海边，野郊，公园等风景里。拥抱大自然本就很有一种快意，加之新婚气氛，遂更能引人至和悦之境。另外，参加各类复古式、民俗式及异国风情式的婚礼，皆会是你奇妙之旅。

“婚姻是爱情的坟墓，可如果不结婚，爱情就死无葬身之地。”把这话连起来讲，重点在后，但如果将转折之前后分成两个并列的句子，难免使人觉得有些不知如何是好。到底结婚抑或不婚？还好，多数情侣没有因“坟墓说”而却步，选择冲入围城亲历，所得最是直接的真，好与不好皆要自己尝尝才算好。婚礼，正是夫妻向一切来人誓言这责任的起点。想到责任，也许你想起了落跑新娘或新郎，这般临阵脱逃实在不负责任。可转念一思，如其不是蓄意负气为之，而是内心纠结多时终于在关键一刻的决绝，至少还有份常人难为的勇气。若已冷静意识到无法相合，就算在最后时分抛开颜面，选择坚定内心，也算是对彼此未来负责。

男女主人公在婚礼上持着笃定，大步流星向婚姻奔去。可所有山盟海誓不过是美好愿望，“我要对你多好，你要爱我多少，有什么重要，也许答案得走过天涯海角，最后才知道……”证明被爱的婚礼，更是许多女人的梦，说到底却无非是个形式，一切从简，今后生活未必无福，倒是那些空洞的繁华，那些成为别人负担的红包，偏离了原本之好。现代婚姻像一门艺术，尤需经营之能力，半途荒废的不仅是走不到头的夫妻，还有那些因着什么未能解体，却早已麻木的维持。真正的爱情圣洁而短暂，人们常常误以为自己拥有并一直拥有。悠长的日子里，两个人如能用心守护好一份亲情式的爱，又把此情交付华发，便就当得起一句原意苍凉的“执子之手，与子偕老”了。到那时再来回忆这场婚礼，容颜虽改，心思依然，被岁月一层一层上了色，还是当初之美，才是婚礼的意义。这意义定要用彼此一生来证。

知道希冀的终点在远方，但只能以跋山涉水摸索出自己的行走地图——婚后的故事正是这样已知而又未知的旅程。出发前一个婚礼，给新人堂堂气力，亦给在场之人温温美好。不论我们单身，恋爱抑或已婚，生活需要带上殷望前行。

参加葬礼，感惜今世今生

世间有诞下的赤子，亦有逝去的性命，悲喜时刻同在。生与死到底有多远，一场葬礼，令你我敬惜这段距离。

城中与乡下，葬礼的流程会有所分别。村人的仪式总是更细化，亦因着南北各地风俗习惯而相异。一般都是为亡者穿戴好寿衣，于家中或医院停放三日，也有请专门人来操办的。自家人皆披麻戴孝，民间所谓白事，即为这葬礼触目之色。丧事期间，多数人家搭起帐篷，亲友赶来吊唁，失亲之痛在主家一回回自泣中，也在对来人的一遍遍哭诉里。身处如此悲涩之境，你连呼吸都是伤凉。晚间，人们围于一处守夜，门前点燃的长明灯好像黑暗中无语之语。三日后，当灵柩运抵殡仪馆，方是最后悼送了。漫耳的哀乐与哀号撼人心怀，早已将你视线虚化。就这样最后一次端视故人，素素相对，在其无法看见的终点，你为之念生念死，想着一别再见唯是白色粉末了，又人人终有此日，怎不惆怅?

少数民族的祭奠各有自己仪式，你与随全程，更能对其民族多一分深沉了解。如穆斯林葬礼，是快速从简的土葬。亡者先被以水净身，后以素洁白布通体包裹。众人在清真寺或其家中行站礼，你听着那些传统念词，只觉一片清远，心生肃意。随送葬队伍至墓穴，你一路领悟祈祷，压低着情绪。最终，逝者在诵经声中被安埋。有天主教与基督教元素的传统西式葬礼，亦如伊斯兰教般突出各自宗教色彩。所有人静听着神父或牧师的祷告，你一袭黑衣，情感低沉，心意纯一。大家在墓碑前献上洒下的，皆不是花束与花瓣，而是仅能以花之美来敬的哀思。

寿终正寝真真难求，年事高者西去不苦是载福。然世事无常，生命便是其一。人之一生，经历悲欢离合，饱食酸甜苦辣，又常以各类疾病和天灾人祸来收场。有些人更是无法承受生命而选定自我了断。待到一切解脱，便成了一场葬礼的主角。故以人生苦难之始来解婴孩啼哭出世，或不无道理。葬礼，是为生者所见的追思形式。你身在其中，亦觉到大多数旁人的痛感究竟不能同于逝者至亲，因那是自无法改变的两个角度发出感情。这再一次证明，凡夫之爱皆有远近亲疏。

生者带自啼而来，死者惹众哭而去。我们往往以生为喜，以死为悲，忽略了生死素来一体，喜悲同存。但如庄子丧妻时鼓盆而歌般的旷达，能有几人乎？鲁迅先生有言："悲剧乃将人生有价值之物毁灭为人看。"大多数葬礼之悲，亦可说是将最有价值的生命毁灭为人看，故而大悲中还有大美。每一个故去的生命皆会开始另一种旅行，生者无法体会，却终有一日要途经。这般之思或许凄美了对死亡的恐惧，但生死既有定，横竖不能留命待桑田，与其为了求长生而盲目地东吃吃西练练，未如将往生认为得更有诗意。

时间甚是具象，它在表盘指针上，分分秒秒皆可被看见；时间又颇为抽象，好像我们游戏时愈想紧握愈留不住的沙。有人说，时间是把刀，最终会杀死所有的人。谈死色变，也许因你我理论上离题还远。这葬礼氛围触动着所有来人的脆弱，而随着年龄阅历的叠加，思考生死会使我们更明白荒废为何物，懂得珍惜应何为。“赤条条来去无牵挂”，也许那满是牵挂的当儿，正是寻常人的生死距离。

岁岁清明，是前时一切葬礼沉淀之合，光阴愈久愈出之以安静。转世轮回，信则有，不信则无。若是我们无力言明前生来世，便还是过足今世今生的好。

施一点爱，做一些公益活动

还记得小时候被老师夸赞乐于助人，你那种美滋滋的感觉吗？长大后，我们有了更多力量，可也有了更多自己的事情要做。其实多数人热诚之心从未改变，只不过日子总有它的缘故。假使你抽离完完全全的自己，去做一些公益活动，换种角度和心情诠释现在的生活，便能重回童年那份简单的满足。

晴朗的周末，你走入敬老院，见其中一派安闲。院内有老人在躺椅上就着太阳闭目养神，评书里那种抑扬顿挫的声音，从手中的半导体传出来。大厅里有老人依偎桌边，鼻上架着老花镜，手上还握着放大镜，在报纸中缝处找着什么。这一边有两位老人对坐在一起安静下着棋。那一边有几位老人热闹闹的，似是因打球而起，来言去语如孩子一般，老小孩儿大约就是那个样子吧！这好动的，好静的，当是没有大改从前的秉性，却多数老人都渴望着与年轻人交流。你轻轻靠近老人们，用心与之在一起，便想自然地为他们做点什么。当然，比起照护生活，老年人常觉精神孤独。你搀扶他们散散步，陪伴他们聊聊天，讲几则小笑话，或者就随其性子不作扰断，静静听一听老人的生命故事，任其从记忆的言语里再一次做回英雄。很多时候，将自己真的当作他们的晚辈，倾听，就是予其最好的慰藉。

闲暇的假期，你来到一处幽僻村落，望见蓝天远，白云淡，高山郁郁绵延，流水清清不断，满是乡野味。这里有一群烂漫孩童，坐在简陋教室里，停在破旧课桌旁，用不那么洁净的小手捧着课本，又用那么认真的态度跟从老师朗读着课文，眉间口里分明是郑重。你有时为他们代课，有时与他们游戏，你身上每一寸城市气息他们也许不是第一次嗅到，却依旧兴奋。放学后，过树影，穿花光，你陪着小童回家。对知识的渴求使娃娃们行山走水没选择，连埋怨亦来不及懂得。某一日，你独自步在烟径林色之中，依溪抚石，仿佛平日嫌暑怨寒的心思，登时在村上光景里温润清和了。再想起那些年幼眼神，你已有不舍的离意。这一程时光不论短长，只要可为孩童真正做一点有意义的事，可让自己感到充实，便是价值。

有价值的事还有增强环保意识，参与相关活动。成为环保志愿者是光荣的责任，如尚无充分条件一直为之，也至少坚持住自己。诸如节水节电节纸，将垃圾分类，用布袋购物，多使用公共交通等等，都是经常提到又容易做到的小事。低碳生活终是一种观念，一种时尚。如你有机会参加科学的野生动物放归活动，看到走兽飞禽救于人又感于人的场景，便能切身体会人类与动物同是自然界的生灵，各有其形其性，倘若没有利益，也就没有某些自以为强者的驾驭。此外，慈善捐款，无偿献血等都属公益活动，你可根据自己的条件，量力而行。

公益的范畴很广。做公益，无论我们的能力够做什么，给予人力、物力还是财力，皆要拿出相应精力，也就是付出人生最宝贵的时间，为别人，为素不相识的人。当你投身其里，最初的素不相识渐渐化作他人回报的深深感谢，而后融入自己血液，作了快乐的基因，就像回到小时候。这一种人性的光芒从来与贫富无关。有些穷困之人仍以微薄力量去温贫暖老，正因了解而慈悲，旧时劫富济贫却非富人所愿，是绿林好汉的豪气为之。

对公益活动图名求利，不过浮云一朵，仅以小我之力求一真善，亦是养德治性。与其流于虚表，未若修成小我，不误大心。

自游，自由，当一回背包客

广义上讲，背包客是不加入旅行团的自助游，就是自游，也就是自由了。这无拘无束需以一些精力换取——提前查好旅行地相关资料及游览线路，于时间、费用等做好充足准备。还有的朋友偏爱行走时漫无目的，兴来而去，兴尽而返，似乎没有开始，也没有结束。总之，依不同人的性格与喜好，背包客常有着不同的表达方式。你是哪一种呢?

携户外装备出行时，大多会进行一些专业活动，如登山、探险之类的极限运动，你需一定的专业知识、身体素质及智慧胆量，更需加倍注意安全。而与朋友或驴友一同野游郊外则不必那么多的要求。脱开了往日生活习惯，背上的家跟着你移动起来。野郊的阳光暖暖地闪，轻透着叶子缝隙照射过来，林中鸟语依依，清风徐送芳菲。晚间，山气凉润，你在帐篷或睡袋里兴奋到无意

入眠，探出头来看夜色沉谧，月娇星俏，是平素不可多得之趣。

参考了旅游攻略上分享的信息，你与恋人亲临神往已久的普罗旺斯。鲜花五光十色，盛放得柔情万种，如一袭地毯，展阔怀远，与天幕云纱遥遥相望。无际的紫浪披上一层日光，翻起阵阵清芬直入脑海。薰衣草，连周边商店也满是这脉脉的法式浪漫风情。远处寂寂空山，几点古堡显得荒凉而神秘。你们牵着手，迷醉于这里的花晨月夕，单单走在路上都是幸福足矣。如能住到事先联络好的陌生人家里成了沙发客，便又是另一番人情体味了。

背起包，独自到某个地方住上一阵子，以一种相对闲适而散淡的心情。你也许因着某个主题而来，摄影，写作或是写生，再不然就是纯粹住些日子，过一段静静的生活。古人云：“凡山之妙，不在游而在住，游则客，住则主人，主人则安焉。”待景皆是如此，你落定了风尘，便只剩背包，没有“客”了。这住定的意思，往来匆匆者究竟难以通透。当你停在江南，拣择那些不知名的小地方住下，经济而不失情味。当然，既到得水乡，那有代表性的三江三浙六大古镇，也可取之一赏。你在周庄富安桥上看看桥与楼巧妙之连，在同里退思园心念起那一句“进思尽忠，退思补过”，在甪直保圣寺感受着触不尽的千年风霜；在西塘晴雨皆不入的廊棚下闭目发呆，在南浔嘉业堂藏书楼追忆古籍之美，在乌镇逢源双桥试试如何左右逢源。你和自己随意地聊起乌镇，鼎鼎大名的文学巨匠茅盾先生在这里，儒雅睿智孤傲而放烟火的艺术家木心先生，更在这里。

我们辛苦学习，辛苦工作，辛苦赚钱，难道就是为了维持一成不变的生活吗？即便你的所有正一点一点美好起来，在每个阶段深感乏味时，依旧有一点迷失。追寻物质总是永无止尽，连停歇都觉浪费，就算为了某种责任而忘我，精神养分的缺失还是会使你身心两倦，不是吗？调节自我的方式有许多种，而推开心门行在路上，最为直观与直接。如此，背起行囊出发吧！以你能够承受的方式爱你自己，若也爱上这种生活态度，爱上变换的新鲜，就更不会使其成为物质决定的游戏。

多少风物本无价，挨得再近而不入心，也只落了个在景对面。张开双臂是一种能力，拥抱，令你与自然相知，感获交流的亲密。这般深度体验是从目到心的传输，以深思为底。所谓读万卷书，行万里路，书便是路之底，养出有心有想的每一步。不管我们步子大小，背包的时光总能绽放素日没有的色彩，背包的路上总有近有远，有高有低，有收有放，有甘有苦，人生同样因这不在一处的层次而活得立体。有些背包客更是常年在外，以自然为家，以旅途为安稳，甚至已不惯于现世繁华。

去当一回背包客。风日洒然，你看见自己在天地之间；坐怀万物，你看不见自己在天地之外。

远离城市，安享一段村居生活

朋友，你几多时没放假给自己了？是否身心俱已疲乏？有无想要停留与体味的地方呢？去过一段村居生活吧！这应是个不错的主意。

体验村居定非来去匆匆，而是静下心去支取一段无染时光，在村里住上一些日子，依随乡村生活的节奏。不须你费意择选名城名镇，名村名落，寻常就好，愈是无名愈得清净自在。旅游资源的开发享用确可为当地创收，然商业化带来的名利多少稀释了原生态的古旧淳朴，此亦是矛盾。如你有乡下亲朋或是你本从乡下来，则自存一番城乡比对，也许更有归去来兮之亲。

理毕当下紧要事宜，再做些妥帖安排，你便可脱掉城市人的习惯，到乡村住些时日，亦暂不陷入手机与电脑的牵绊。若能收得朋友们一语洒脱之叹，亦是好。村居四时皆有美丽景观，于喧器城市来讲，你是隐在村里，不问世事。想来前日还在城市扰攘里悬浮，入村一刻便就人心安顿，城中他想别无了。

清晨。巡檐鸟语代了平日闹铃生硬，或许你的清梦亦像是不早不晚，做到了刚刚好。乡间的早上虽也是忙忙碌碌，却一切井然从容，不及现代都市那般紧张躁动。你踱在林中小径，就这么走着，沿路看青山烟淡，看池塘波皱。倦了且小憩茅亭，或是念几篇摹写风物的明清小品文，或是吟几首清新自然的山水田园诗，书上字句似已变作身旁景致扑面而来，浑然的交合。午后。正是睡意悠悠，若你“手倦抛书午梦长”，满身乡野爽气眠在这般天地人间，便不可再有心事。黄昏。见着“鸡栖于埘，日之夕矣，牛羊下来”，却不存任何牵念与哀愁，斜阳只就是斜阳，家禽只就是家禽，这般纯粹。你坐在田野尽头一如坐在晚霞怀中，人景入画。夜晚。小院里月华如水，没了左右高楼，星眸距你亦仿佛近了许多。若是在夏日，你还能听取池间一片蛙声，林间一通蝉鸣，追逐田间萤火虫的黄绿微光。一切皆是原本之简静与乐趣。恰恰有人以此做生意，偏偏有人借此造浪漫，两个巴掌拍在一起，于是许许多多的萤火虫被赶入玻璃罐，买卖，运输。那些以剥夺小虫的自由甚至缩短它们本就短暂的生命而换取的快意，会淳美吗?

在乡村住定下来，到处的天然气息可使你我放开生命的所有附加，怡然自得。看着未经过娇生惯养亦未见过高档玩具的邻家小童在眼前穿来追去，嬉戏到满面通红，我们身上所有城市化的繁琐迷离皆不觉被冲散。辛弃疾词曰："茅檐低小，溪上青青草"，你看远处那矮矮茅屋的溪边曳着青草，一对白发人门前闲坐，不晓得是谁家翁媪，却已然唤起了我们很久未被打动的心。这些村夫村妇男耕女织，每日规律劳作，一副安然流转的样子。或许，生命的真实里谁都脱不掉烦忧悲离，我们亦不需了解他们所有日子，单是这一段近观，似已令你我寻得了桃花源般的生活境味，大抵如此。

农耕社会自给自足的小农经济，是古时乡村生活的主题模式，路不拾遗夜不闭户，皆非传说。只是社会终究要向前发展，不断发展；便有了城市，便有了优裕；人们更见了高低好坏，更有了诸多愁烦。纵是如此，我们亦不再满足于乡村视野，心存更高追求，要去实现更多价值，本就无可厚非。然当你在城市中因迷慌而失掉自我，似患上一种城市人通病，每每此时，最好之疗养或许就是回归乡村，过上一段村居生活，从着草木山川重寻自己根脉。在那里，你是天地的亲养，不为人情世故所累，甚而至于先思后行皆不要的。你什么俱可不想，即便想起些什么亦是无为之意。

目今社会城市化进程日益加快，城镇与乡村已在悄然为变。不能确定我们曾陶醉的乡村若干年后是否依然，便只能告给自己珍惜与之每一次相聚。定期归来安闲享受一段村居日子，食简单之物，行简单之事，不被打扰，不动心思，使青山绿水梳理你的乱绪。这看似毫无意义的一切，恰是人生境界。

寻一所寺院去参悟

当生活有了一场凌乱，我们总得理出头绪来，接着，生活又有了下一场凌乱。为人一世，往往要对生命付出我们应有的耐性，于这耐性之理解如若出现偏差，常觉不快乐。朋友，你快乐吗？为什么？倘使可能，给自己寻一所寺院，在那般环境里参悟一回也好。

所谓寻，是在真心参悟时，进入相对清静的寺院里与清静为邻，而非从一类繁华流入到另一类繁华。唐人言之“曲径通幽处，禅房花木深”。晴阳高朗，云雾缭绕，山气怡人，层岚叠翠，一时悠然相见，个中隐意深沉，竟是舒了你的心绪。寺前安宁清肃，一砖一瓦皆在质朴上生出沧桑，寺内古树葱郁，自然灵秀。你来至殿堂前，见佛像超然端坐，满面安详淡泊，不觉一身郑重，恭敬上香叩拜。院内厢房掩闭，僧人们诵经声木鱼声透门窗传来，恬淡的节奏里似没有明显的抑扬顿挫。你就此慢慢把自己放了下来。若是条件允许，还可食几餐斋饭，住上两日。禅师打坐参禅，你亦净心思悟。向晚，漫步寺院，看花面褪白昼之妆，听僧人敲日暮之钟，仿佛声声无异，却又声声不同，恍然间如入“落花飘下一声钟”的幻美境界。这单调而悠荡的钟声里，有禅意，有你的自答在自问之中。

一则禅语讲，嵇山章禅师在投子大同禅师门下习禅时任过柴头，负责寺院柴禾供应。一日砍柴归来，投子禅师为章禅师倒了一杯茶，以示勖勉。投子禅师一面倒茶一面道：“森罗万象皆在其中。”章禅师未及说完，上前将茶杯打翻在地，遂问：“森罗万象到底在哪里？”投子禅师平静地答：“可惜了一杯茶。”——如此，以茶论禅，茶是茶，茶亦是禅，见得禅锋猛厉，茶是禅，茶亦是茶。这一问到底未满，这一答便是修行的智慧。

另一则禅语讲，寒山问拾得：“世间有人谤我、欺我、辱我、笑我、轻我、贱我、骗我，如何处置乎？”拾得曰：“忍他、让他、避他、由他、耐他、敬他、不要理他，再过几年你且看他。”——如此，表上的负气总是来势汹汹，若遇不接招者，必是大伤自己元气。内里的豁然终是长久之物，心态即胸怀。当然，这胸怀之前提是皈依道德，我们以德律己，本不求换来嘉许，却至少能无愧素心。“风送水声来枕畔，月移山影到窗前。”禅里还有这样从容之内力。当我们已然在寺院里静定下来，听取身边一切，想着佛法禅机，参悟到微微一笑，亦是桩回答。

宗教是种信仰，对其处处虔诚，谓之信徒，不作信徒者，在佛的慈悲前，也当有所敬畏。其实，听其言更观其行，入口而不入心的善，终是无用功，连不比入心而不挂口的真。况且温良的信奉皆以思考为基，或者说思与想本身就是一种信仰，坚定而旷远，以此游走于人间禅境，也无所谓在与不在。世事多少道理，于生死之间，于悲喜之外，于成毁之上，我们若能以禅之玄妙来参，从纠结到释怀，从费解到顿悟，有如醍醐灌顶，是为法喜，实为幸事。

禅诗者，以诗谈禅。“檐下花仍在，禅心但坐忘。”——方知此又是一变。佛亦语云：“出口即错。正觉超语言，假以语言说。”如此，你对着这番通篇“错语”，也只好叹一句修行更在吾身了。

你从来处来，来处路已荒。我到去处去，去处路更长。

早春时节，去武汉看樱花

每值春日春风，正是诸花言情之季，花儿将这般盈怀衷肠诉诸于世，人亦欢喜相应。那么，与料峭同行，去武汉看一场华美樱花，整日奔忙的你想过没呢？

初春是一岁之始，樱花早早于春动了心意，开在这隐隐春思里，一片烂漫情怀。在樱花盛绽的时节，武汉大学校园内繁樱似锦，武汉东湖磨山樱园亦是赏樱好去处。你能见着满枝高高开放的白色樱花若云里银浪层层，遥望上去，枝桠与花朵黑白分明，而那缝隙中的天空刚好作了一抹蔚蓝底色。你还可看到有一种山樱白底透粉，像女子脸上淡淡胭脂，似隐还现。若来到枝垂樱这一边，望见凌空处丰足明丽，红粉飞瀑直泻，便觉樱花有如桃花，亦是难为画静。

赏樱之际，我们当是慢来慢往，与人群陌生而同路，这陌生路人倒成了樱花的背景。停停走走一路，你或许会看见年迈夫妇相互搀扶漫步，二人满头银丝宛若两簇白色樱花，平和而素雅；你或许会看见无忧少年青春正好，仿佛淡粉樱花的那一点点新润，呼之欲出；你或许会看见情侣花前甜蜜留影，似粉红樱花一般爱得浓烈。如此对景对人，更有一番意思。当然，你或也入得别人目中，或也被他人有意无意纳入镜头，难以知晓。

天地之间，那花绪热烈漫漫，花体却依然沉定，人事况味种种到底不若樱花般安闲静好，便是花不同人了。我们试着推开常日所有繁杂，那些个要一直相与在寻常岁月里的繁杂，于这渐添暖意的初始，偎依樱花之喧，饱览樱花之美，纵是坏心境亦可使好，好心境则可更好，这一年也许就此有了几分温温顾念。蜻蜓点水的张张照片不当是此行全部目的与日后谈资的凭据，因其终是载不动，你我心底被樱花点触的与自然相亲的天生情结。当你置身在那浩瀚花海，眼里，唇边，呼吸上满是樱花消息，好像人世繁华皆出于此。

清风徐来，些些樱瓣簌簌下落，一派悠然韵致。花开花飞如女子，女子盛极在嫁时。旧日，多少人家娶亲热闹，各处洋洋喜气，接得亲来，新娘子一袭红身迈过那寄语婚后日子红红火火的灼灼铜盆，拜了堂，闹了洞房，便是新婚花烛夜。樱花枝头花开又花飞的意思，仿佛新娘变作新妇的素朴淡然之美。冬日雪如花，春日花似雪，樱花开至顶巅又落樱缤纷，就是这样的了。当你置身在那飘零花海，眼里，唇边，呼吸上满是平静安稳，好像

人世贞亲皆出于此。

花事之时，多以年计。唐人有诗言："年年岁岁花相似，岁岁年年人不同。"易角度观之，花人本非同类，人眼观花，唯得一相似论，或如花眼观人，亦以为相似。然若以花眼观花则定如人眼观人，知人有变，焉知花儿年来相似？花娇也好，花艳也罢，只恐娇不是前时娇，艳亦不是前时艳。花忆前身前身已不再。想来我们与花开每一次遇见俱是一桩缘分，情需珍重。人当花不只是花，便花亦通人意，皆安好。樱花如是，诸花皆如是，尤以樱花那般短暂花期而愈加宝贵。

樱花为日本国花，到那里赏樱不乏一番异域风情。如你旅往日本存有些许不便，在早春时节去武汉作一回樱花客，亲近我们自己土地上培壅的繁盛，亦是极好选择。

骑上脚踏车，漫游西湖

杭州西湖是一本好书，载着太多诗词文章，故人故事，个中一段段不了情缘。那扉页上便是一语“未能抛得杭州去，一半勾留是此湖”。你在游览车上泛泛读来便晓其美，于游船或小舟上选读任一湖景皆是一番水中心怀。当你骑着脚踏车慢悠悠与之亲近，既醉赏佳景又解步行之乏，且依随时而车上时而足下的自在去细细品读西湖况味，很是件美事。西湖周边租车方便，那脚踏车亦有双人及三人式，未妨与友人同游时体验一回。

春日迟迟。暖暖好天气，苏堤上绿浪交集，众花千娇百媚，属满目桃樱最是喧然。拾些飞落的花朵洒在车筐，一边骑着一边嗅着淡淡幽香。如此与花儿同行，你是不是烦心骤减呢？这长长的苏堤，此端是苏东坡纪念馆，彼端直伸到西泠桥一侧。东坡游黄州赤壁遥想公瑾当年，千载后，你游苏堤亦遥想东坡当年。想他在任杭州时带领百姓疏浚西湖，筑此大堤，想他万言道不尽的浮沉一生，竟也留得这西湖美谈付与后人说。李冰父子之于都江堰，亦是立下这般功绩为后世深念。

夏秋时分。你骑车慢行南山路，柳浪闻莺公园里爽风徐徐。对面路边的墙壁上有三个大大的红色刻字——“再生缘”。几缕翠枝点缀着一侧小小假山。你看到“勾山樵舍”的注释牌，便知此处正是写就《再生缘》的女诗人陈端生的故居。自称“衰年病目，废书不观”的陈寅恪先生，晚年饱受困苦，却花费大量精力终成一部《论再生缘》，慨叹“著书唯剩颂红妆”。

冬雪初霁。你踩车在白堤上悠游，这堤坝实非白居易为之，可诗人到底吟留“绿杨阴里白沙堤”的好句，作了湖上风。一记孤山梅鹤式的爽逸落染车心。待骑至西泠印社，你望见门上黛瓦披一层素雪新衣，院内屋顶也一袭银毯，旁侧高高枝干半面染雪，伸至路边来又被日光映在白色的墙垣上，树影浅淡斑驳。这圆门里皑皑如画，一派清幽娴静，似有讲不完的旧事，满是古朴之味。

如欲环游西湖，可沿路顺着苏堤、白堤、湖滨路及南山路游览外湖，杨公堤则较苏堤更远一层。当你踩上脚踏车，心情旋即跟着转起来，径自有欢色。与友人携游时，你们齐行一路，景内景外拍照录影，谈笑间舒畅和悦。独游时，车子即成游伴，你与它走走停停，诗情画意乘着节奏而来。旖旎风光点点滴滴，入目又擦肩，你不时停下拍照，这美美的留念又何止迷在西湖十景，连是一花一树皆有情。有时，你并不下车，一脚撑地一脚垂在车蹬上，一手扶把一手扬起相机，看着镜头里聚焦的水光潋滟抑或山色空蒙，阴晴云雨总相宜。复前行，重新律动的车子仿佛同你神交着才刚之景，亲密而自然，好不惬意！

你骑在环湖柏油路的清洁之上，脚踏车透着简单的浪漫，柔和的情绪。沿路有些景点未许车子入内，你可停车一旁，步行其里。骑走走骑，有着这样的调节亦觉舒服。

孤山不孤，长桥不长，断桥不断，即西湖三怪。似是怪在名实不符。骑上脚踏车，漫游西湖，倒是名副其实的“游”，若能以度过的时间换一味悠缓静心，就不是简单的“到过”了。你把自己完全交付西湖，西湖才会交出自己。即便没能游尽各处，也不失旅行的真正意义。

对了，记得与陪你游西湖的那部脚踏车合个影噢！

穿一身民国装到古城一游

旅游是调剂生活开阔自我的一种方式。我们于不同时间游在不同地方，使敛获的各式风景成为回忆，又盘计着下一处到达。那么，你有过特别之旅吗？譬如让自己穿一身民国装到古城一游？

民国装早已落入往事，古城也留与了老照片，我们今以新身碰触旧物，乃一回新旧交融。你买来或租来民国衣装，择定心上目的地就大方出发。这般体尝是自己的事，原无需他虑。你又如何晓得路上游人没有如此想头？若是无意成了陌生人眼中之景，引来共鸣，便不再是自己的事。

一身“五四”青年装由女生穿起，那蓝衫黑裙搭配出棉布的清爽。白长袜与黑布鞋正足下分明，也许长发的你更能梳成两束辫子。你开始模糊现代北京的一切，像是迟慢地走回北平街巷，穿过几条胡同，经过某户四合院，清风吹起的黑裙擦过一道古旧的老墙。你仿佛在此还原了当年，同是一身蓝衫黑裙的民国女生——那几条胡同，或许曾是三五个女生一起嬉笑着走过的地方；那户四合院门口，或许曾有一位娇小女生怀抱两本书在等待着谁；那道老墙，月光下或许曾映着一个落寞女生的惆怅容颜。这鲜灵的情态在一段一段真实的青春里凝结过，她们大多求知求思，满怀理想憧憬，温纯而净朴。你身随民族风校服一则神游，便是作了民国岁月里寻常女学生，从不知手机何物电脑何用，也很快乐。

一条粗布长衫是男生的范儿，亦有男式旗袍之称。再配穿一双深色皮鞋。这样的你背着手踱在南京老街上，似是轻轻拨弄着历史的尘埃，连屋瓦房檐的幽禽鸣啼皆是陈旧的。是夜，你也逛着桨声灯影里的秦淮河，在金陵十二钗的故乡回思那一辈民国文人的仪态气象。又想起几十年前胡适先生于冬日南京的最后停留，身上的长衫沾染着太多感情，终究飘往了乡愁的那一头。长衫无语，而你穿上它在厚重的空气里呼吸，就像守候一场沉静的殊缘，开目闭目之间是时空灿烂交换的情愫。

一袭碎花旗袍上身，尤显女生韵致。如此，踩着高跟鞋的你沿街漫步，目今的上海仿佛在脚下一点点退了回去。霞飞路橱窗里木美人身上的各式旗袍华丽而安静，电车之声与报童叫卖声叠在一处被清风送过来，海上依旧花开，依旧绮靡。老上海在张爱玲笔下是聊不尽的。而此刻，你身上的旗袍正是民国上海姿韵楚楚的风景线，从前的租借式繁华仿佛四散在你的目里，耳边，

心上，风情万种。或许所谓上海情结，不惟在闻名遐迩的十里洋场，不惟在歌舞升平的夜半红尘，却更是那些吴侬软语讲也讲不完的昨日传奇，更是转角某条狭长巷弄间或者随手某所老房子角落里，那一丝自顾自的骄之傲之。

距我们最近的旧时代，是民国。举凡旧的时代皆被划入历史，成为民族故事，积出民族底蕴。从乱世到治世，新的摩登时代自然一言难概，而我们也理当追怀与敬畏自己民族所有历史。这份民国复古即是对怀旧的表达。半个多世纪后的旅行里，那些风物人情仿佛触手可及，如此之游，其中更有一堂深沉的时代纪念，一敞辽远的人文情怀。

穿一身民国装到古城一游，可选之衣不乏，可去之地亦多，任随你穿什么，到哪里，这些形式终是佑助内里之心感念沧海世事。你我穿越的，正是光阴里那颗不老的真心。

围在篝火旁，与众齐乐

现代生活从不缺少取暖取亮的方式，我们各时各有所需。若在自然里与众人同暖同亮，又会是怎样心情？你愿以走近篝火来对答自己吗？

空旷的户外，暮色由浅入深，最终抹平了漆黑的夜面，有一簇篝火慢慢烧起来。星夜里，朗月依旧在着，却好像于此地退避了一分情态，远远探望过来。火越来越旺，循着木柴直升到半空，去听晚风的话。火苗闪出不规则的金色，好像盛放在昏暗里一朵丰艳的花，花身还跳跃起灼烧的亮白，又不时吐出些许火星子，掺着擦擦声响与燃木味道。

你或与朋友们围在一处，或与少数民族主客相依，亦说亦笑。火光暖暖，照在你的身上和脸上，围火一周的人们连成了光环。大家同玩起某个接龙游戏，你一面小心应着，一面寻思若是落到自己，要表个什么节目，那感觉倒像是儿时与伙伴们在玩丢手绢。过些时候，大家手手相牵拉起一个圆圈，圈住了中央的火，随音乐转着跳着。有少数民族元素的篝火晚会必是载歌载舞，演绎各族风情，满溢野趣欢闹，尤以草原上幽婉的马头琴声最为回荡心波，扬起你一片素怀。夜意无涯，篝火旁的热闹正以一种古老方式翻腾着，这喜悦欢畅分与了所有在着的人。斯时斯地斯夜斯景，是一番浓浓的兴头。

火与自然同生，早早就有了。当人类渐渐学会自由驾驭火时，便接收到更多暖，从热度里享受到更多猎物的美味。以火解决了温与饱，群居的先人开始围坐火边，交流简单的欢悦。火，亦可说是一种原始文化。如今，有些少数民族依旧保持着亲火传统，火光暖亮了俭朴的原生态，没有任何遮盖，向每一个近旁人传递着炽热的能量。篝火旁的晚会，为着欢庆，为着祝福，使温暖由表及里蔓延至你心深处，有一种柔劲的光芒。这一刻，似乎所有人都迸发出爱与善的本真，而你在包围之中，更强烈感受到激情之烧，青春之烧，生命之烧。人群守护，那份融入集体的快感即是众乐，这氛围让身体有一股真切的存在感，哪怕你不是最为狂欢释放的那一个。其实狂欢，也不过是因为叠加了个体的孤单。

天与地相对，地与火相依，人与人相喜，你与一切都在一起。在场的人相互认得与不认得皆是不用在乎的，这火已将陌生融化在夜晚的聚会里。白居易诗言："蜗牛角上争何事，石火光中寄此身。随富随贫且欢乐，不开口笑是痴人。"以电光石火喻人生，终是饱经风霜之叹。及时行乐到底消极与否，还要看此乐何为，于人生有益者便可取。思之洒然有时就是调节一个角度，调换一种方式，使自己不只专注在个人一点之上。既宽怀，如何不乐呢？也许，通了电的一盏灯能给人的，实不如自然里一团火与一群人更热烈，有些时候，我们需要感受这样的生命活力。

喜闹喜静是个人的事。闹者静者共同围在篝火旁，是暂脱却物质文明，以不同性子受火和人的感染，与众齐乐。

走，到海边去

走，到海边去！让海水来你的身上。或许，我们都无法不爱大海，将这爱实现，然后珍惜那样的相逢。

立于海边，仰头，闭目，深呼吸，吸进阳光之味，呼出沙滩之息，很是惬意。远近的人们各自享受着海。眼前没有任何他物遮蔽视线，天海相接的那一边就是你伸直手臂横划的一道弧。海风阵阵，蓝绿色的海水卷起细细浪纹，稍稍一拧即成小小的波尖和漩涡，就像山峰与山谷一样层层推过来，变成蜿蜒的白色潮沫，湿了沙滩，又缩回去。故而近水之沙总是深润的。那么，抓一把在手里，它还会流走吗？你像个孩童一样玩起沙子，干沙湿沙粗沙细沙。与其说孩童不解将烦恼写在沙滩上等推来的海沫冲走是种释放，未如说他们原本不知烦恼为何物。我们懂得，所以，我们烦恼。

赤脚踩在水里，初还能瞧见自己脚面，越往深处越不那么清楚了。当你深入其中，使海水亲着肌肤，便觉爽逸超然。出水后，你拾一拾贝壳，乏了枕在沙滩上小憩，哪知影子这家伙还不嫌它自己黑，也想跟着来一点日光浴。再回看海里的人，就像一个个小点在动，方才的你于岸上人看来亦是如此吧！

待到红轮西坠，火烧云映照在海面上，天幕被染得凌乱而恬美。人们只余下黑色轮廓，在仰察，在叹绝。你望见一对情侣的高低背影，如若时光能教这一瞬白头，也就分不清是咫尺还是天涯。远方一叶小舟荡着杳渺，像有话却没办法讲清楚的感觉，夕下之漂泊令万语千言亦凝不起来，只得目送。倘是阴雨天去看海，风声水声更为彻耳。惟见天灰罩着海灰，滚滚浪潮一下一下漫过礁石，滔滔陷入茫茫之中。海依旧阔，天依旧空，你能觉出沉抑的底里，积蕴着一种苍迈厚重的力量。

海是大自然的感官，占到地球表面三分之二强。我们总是善用那些熟而俗的固定搭配，惯以大海之无私来作喻作拟，其实这不过是习以为常的象征。所谓宽仁与包容，皆是人赋予海的强烈感情色彩。大海只是遵循规律在做事，一样有脾气要发——当海啸无情吞噬房屋与生命时，海的包容会不会包得太大了？我们总习惯站在人类的视角解读异类之物，对人有情是好，对人无情总归不好，要利用，更要探索和征服。若说大海的精神功用是开示人心，其物质功用便是供人索取资源，于本国海域之捍卫更牵涉到一个国家的尊严及利益。因而某些时候，诸如你亲临大海，与天地素面相见之时，人类对自然抱有的过度解释只能是一种负担，干碍了对美的纯粹心赏与思辨。

得空去看看海。在人与海真实的面对中寻到属于自我的角度，以此角度去品悟海之远度、广度及深度。沧海是一部史书，即便我们为其之一粟，一粟亦难成书中一字。一心急于淘出自己，缘于对逝水东流的未甘。细细读取这海页上的千古文字当是一种积淀，有了此种平和与浩阔，也就开始懂得海了。珍惜这样的相逢。

以素心面朝大海，定有一场春暖花开。

带着快乐到果园画画

你可曾到过水果的老家么？晴爽的某天，邀着朋友，或者就是你陪着你自己，到果园里逛一逛，在果树下坐一坐，为眼前风景不刻意地画上几笔，也能收获半日闲遣的好心情。

取乡间或者近郊前往。没有摩登建筑的地方，亦没有摩登派生出的一切束缚。来到这里，即刻望见满园子里一番绿美之意，浓浓的，又柔柔的。阳光下，植物的生命气息，原来如此让人迷醉。你拿出备好的彩色铅笔或蜡笔，一下一下，在画纸上随心所欲。果树枝头叶儿青青，呵守着果味，仿佛较一般的树叶更觉欣悦幸福。矮坡上面，草儿蓬蓬悠悠的，风来弯腰，风去点头，那凌乱的摇摇晃晃之中，像是有你我讲也讲不明白的意思。你还会看见果农在园中忙碌打理的样子，喷洒着农药，修剪着枝桠，或是摆弄着果实。就这么寥寥几笔，将其变作画中人，好不好？

若是正逢满园开花时节，没遇见结果也无妨，一树一树的花姿伴碧影而出，秀媚得刚好。你凝注着那些花儿，用各种色彩在纸上轻轻画着。山楂的花期与果期相距有时，长着小小斑点的红果尚未出世，娴静花儿已然满树了。究竟山楂树的花色是素白抑或鲜红，还要山楂树之恋来作答吗？有某事或某物而贯穿的感情，仿佛因此有了情话主题，纵是结局悲凄，缘分初遇之美永远都停驻在原点，此便足够。所想不如所闻，所闻不如所见，若你见了山楂花，记得画它下来，涂上花的颜色，涂上心的颜色。另有先花后叶的果树，花的性子

稍急了些，竟是放低了温度要求，自管自地浓情盛放着。未及绿叶随护在左右，只见花朵一簇一簇，开得孤美。那杏花到底关不

关得住，那梨花如何千树万树，你且用画笔给个答案吧！

果子如在成长阶段，尚是稚涩。当你将青绿的幼石榴移画到纸面，笔下虽没得红润圆满，顶上小花已是开得可爱了，中心还有乱乱蕊丝。如你在不同的果园中得遇丰熟，便会看到各自枝头上各种水果欢意闹。

美滋滋的苹果最爱被碧波起伏相衬出来，万绿丛中点点红晕，清清楚楚又迷迷糊糊，好像童话里的幻境。梨园中的戏班优伶已是盛唐的宫廷旧事，近前的梨果却水灵灵地垂在半空，新嫩晶透，不必去咬也知其香甜润口。树上杏子点点泛黄，娇娇地坠下来，便是无有心思回顾那贾雨村大人，也还是这“娇杏”。樱桃的皮肤很是顺滑，从同一枝杈上分出几颗果儿来，每一粒都映着太阳的白点，真正地红光焕发了。葡萄藤上架满了像爬山虎一样的层层叶子，绛紫的，碧绿的，串串珠子含在其中，就像待价而沽的宝贝。

金黄的橘子暖融融的，总是爱笑，还有些顽皮，远山橘子林中，笑容淡得星星散散，在距离的暗香里。透过光线，你能看到浓密的桃树上桃叶细长的纹理，每只桃子都带着天然淡妆，宛若一众佳丽，倒也无意媲美。定要美出点名堂的，当是只花不果的碧桃，重瓣一株一株，烂漫得简直不许人来收管。这桃的观赏美与食用美，正如众多男性心中的黛玉同宝钗，合一最好。

丰盛的果园是梦之入口，不管你画得多少，都是自己的色彩。以相机拍下果园，是电子技术的摄录，是写真写实，当然不可缺少。用画笔勾勒的果园，之中有一缕人情描绘，只属于每个人自己。古人情绪来了，也会“咏歌不足，不知手之舞之，足之蹈之”。我们在自然里醉了，赏之画之，画的是清朴之乐。也许你的绘画远远不及专业写生水平，也许你对绘画几乎没有信心，那就涂鸦几笔又何妨！蓝天，白云，飞鸟，清溪，在这般画面里，植物在生长，你愿意记下什么都很好的。因为，那是不必上交的作业。

百花留妍，百果争香，田园风光不只在你记得的诗句里，不只在摄影师讲究的照片上，更可以在你身旁，还可以在你笔下。

坐摩天轮，从起点到原点

假若，你想以纯粹休闲的方式靠近天，不妨去坐摩天轮，也算是个相对简便安全的上天娱乐项目。虽说那一点点靠近很是微茫，但相比于置身地面，这个大圈圈或多或少能为人提供一种不同的观赏角度。我们所涉风景因匀速升降的圆周运动而更为旷阔。当然，恐高的朋友则没法子了，且游乐于他物吧！

远远望去，摩天轮有一点像老水车立在那里，尤其水上摩天轮更为相似，但二物之间材质、原理及功能等却各不相干。也正因此，前者是繁华城区中的玩物，有人境车马之喧，后者多安然在山脚水边，古朴而淳宁。待你稍稍走近，细细观察一番即知，原来摩天轮也有不同的式样。

唤作重力式摩天轮的，只座舱的顶端被连接固定，等于吊挂在外沿上，好像耳坠这么垂直下来。以重力维持平衡，每一舱可载的乘客人数有限，约是四至六人。其轮绕轴而转，中间一环小于一环的圈与那些支撑线交错在一起，纹理如骨架一般立体硬朗。想来若轮子转到两侧的水平位置，你从舱内来平视这些乱乱的东西，便更觉身在架构之中了。南昌之星摩天轮即属此类。另外，那挂舱亦有不封闭的，有些精致如花篮，又有些可爱如城堡的阳台。欲抛却围护，在高处惬意听风，委实需要一点胆子。

还有一种观景式摩天轮，其座舱被完全固定在轮轨，好像是耳钉贴附在耳垂上。一间舱室好似一辆观光巴士，可载二十几名游客，运行起来也更平稳。巨轮中心轴发散出许多细线，看上去规则有序，像自行车之轮。新加坡飞行者及伦敦眼便属此种摩天轮。天津之眼的外观亦是个车轮子，转动安稳，而座舱又为重力式，有那么一些特别之处吧。

白天与朋友来玩。当你们的临时小房子不断攀升，悠悠然俯瞰着这座城市，心情爽逸而自由。云天只微微欠身靠近，你们便满足了。说笑。拍照。傍晚与恋人到上面看看夜色，亦能制造出寻常交往中的甜美回忆。适逢客少，或许还会争取到二人世界，饶有情调；客满时，若你们愿意多付出一点银两，也能以包厢换一刻双人空间。黑夜中，摩天轮自身亮闪闪的，淡淡的光温柔地洒进来，像月白浅落在身上。你能清楚地看到舱外，城市夜景的华美一如既往，灯火灿烂通明。在顶巅许个诺，十指相扣之际，心愿就在脉脉含情的眼神里。如此的“高”诺，更不要轻易失守哦！

摩天轮就像是个大朋友在等候。凑到近前时，你的渺小即刻

与它形成一种直须仰望的比例。在最低处排队等待着启程，这等待只是一份随机的安排。某间小屋停住，有人下来，你迈入。那一刻，正在最高点的彼端业已走过半程，顾来路望前路，到底是与你相隔半弧，而彼此间的直线距离便是这摩天轮的直径。待你爬至最高点，彼端便就转回原点，结束周游，出舱换人了。新客进来，你与其依旧是如此关联。所谓关联又是什么呢？也许就是一种看似殊异但也不必谋面的缘分。

如以表盘来解释转盘，如默认自己从“6”开始，那么，“5”与“7”便是左邻右舍。你步了一方后尘，还要被另一方来步后尘，他们是陌生而又亲近的伴随，甚而至于你可以明白地与之相望。圆盘转起来，走走停停，视线亦跟着变换，消歇是为了更好地赏景，转动是为了下一站到达。我们的生活也应该有这样的节奏。当前面那舱登顶，停下，你微扬的脸上有种渴盼；当你自己终于化“6”为“12”，停下，仿佛一切皆是自己的，却又无法贪恋，除非恰好遇到故障；当后面那舱登顶，停下，你回顾的脸上有种轻叹。生命何尝有别？“12”是一座尖峰，如果路只能为单程，就算“11”与“1”在对称位置，也不可能有一样心境。起点，上升，顶点，下降，原点——规律是公式，是定理，我们可以代入自己的人生，计算，求解，但无需怀疑公式本身。因那已是被无数前人无数次证明过的东西。

有人说，仰望摩天轮即仰望幸福——那恐高的朋友可要皱眉了，这幸福该如何追求呢？其实，不添感情色彩地讲，仰望摩天轮就是仰望高度，但此处亦可以有你的态度。

圆，没有任何棱角，像是说不清更没必要说清的东西。摩天轮行毕一圈至多是几十分钟的路程，回到地面，就像抱着午睡时的浅梦，醒过来。去了又回，可以重复一条线，直来直往；亦可以勾画一个圆，不着痕迹。你更喜欢哪种?

回念旧地，来一次重游

旧地重游？也许你要说，世界太大，纵是每日皆在路上亦难以走遍所有风景，何故重游旧地？那反过来说，既知周游非易事，无法不失其全，如有机会取曾游的某地重游之，念一场旧也好。不喜重来的朋友，或是未到动心动念之处吧！

再度登临佛教或道教名山，又见山在天上，天在山中，一脉苍郁如故。从前看山看水的你，久立于寺院之房，长停在道观之殿，心气平定下来，多了几分悟语。再度身居岳之东西南北中，可是因着“五岳归来不看山”？这一次，你沉浸在满崖的落夕之中，代了前一回早早爬起目收日出的奇丽。直到宿在甘凉山夜，便算得完完整整与山亲了。再度观览黄山，这一次，雪气素素茫茫，仿佛道尽了幽微之情。黄山此番的冬洁是你前时没有过领略的。“黄山归来不看岳”，是这样吗？你即将两次归来了。

再度游于冰城，仍旧孩子般高起兴来。各式冰灯闪映着清亮，色彩融于晶莹，玉洁的梦照在你身上，亦落在你心间，一片倩丽透明。记起那年亦有冬天三宝护随，嘴中白气散散地冒出来，似一口一口吐出的香烟。要是没了这一层寒冷，也就没了这冰一般的况味。再度走到天涯海角，那份海远天大的心思依然浩荡。或许，你已从一个人步入一段情。触摸“天涯”与“海角”，如同触摸庐山“好运石”，冀此石字能成两人长路。

再度身临丽江，还是沐浴到那缕老旧的时光，碧空与古道还是那般天美地美。美味倒也还是忘不得。重游之际，光顾特色小吃，然后宿入民居客栈，看看城中老翁老妇的生活，然后随意走走，发个呆也无何不可。这吃，这睡，这发呆——好像，你已变身古城中一只考拉，不过，显然呆时要长于睡时了。再度醉入西藏，仍然抵抗不了如画的天清。纯蓝的天空与纯白的云朵如何不令人贪恋？此处有着信仰的颜色，踏上便要为之而动。那神秘是一项文化符号，你解与不解，它都在那里，是一个半痴半明的空净世界。再度幽步苏州园林，依旧千回百转。梦绪轻软，流不尽亦飘不远，遁入角落。满园设色清雅，宁秀而洽韵。亭榭与假山互目，相坐凝然。镂花窗里的物色，你不到怎知如许？

当然，重游旧地不一定是游于风景。轻轻打开怀旧情结，里面还有许多许多旧地。曾学习或工作过的城市能使人想起流年，那些日子似乎没有被特别命名，你跟着大家唤它作青春。当你再度置身青春上演的地方，便会与零碎记忆叠合在一起不分彼我。

点点滴滴就是，连轰轰烈烈也被时间耗成了平平淡淡。原来，自以为把握过的年华亦是把不住更握不住的。

从前到过的风景，许是有因时间或行程所限而不能游赏尽兴的，存为憾事；也有因季变而景异的，你一季只能敛获个中一态，觉之未满，怅怅；还有那些为之心折的，已然化作情结的，你不过是没有明确告诉自己要重游罢了。某日重来，经年相见，风物由微到巨，或有迁变。纵使景致纹丝不易，你的状况又如何？已从两个人变回一个人，你还找得到那把找不到钥匙的同心锁么？又是否“旧地如重游，月圆更寂寞”？从两个人变为三个人，曾在此地散落的美好，当是你送给自己宝贝最好听的故事。

对“上车睡觉，下车看庙，对着镜头笑一笑”的游式来讲，旧景的确未如新色可成新像新说。旧地重游，或许是年来的情意重于风景本身，更在一种绪怀之间，使你梳理起光阴的丝。有些地方值得重复抵达，就像有些文字值得重复阅读，似每一遍皆有新意。沉淀一壶岁月再来，也许是三年五年，也许稍未留神已逾八年十年，当你的年龄与阅历渐在加厚，想事情之方式，看问题之角度，当会有所调变。无际风光宛若一本正经的闲书，不同之人读来，同一人在生命的不同时候读来，所解都不大会同。心力所能涉的，因目力而起，却未必是目力所能及。

后会有期——旧地重游是人与景的“再生缘”。于相同之地相同留影，照片上的重逢无语，却胜过千言。

玩一玩动态沙画

动态沙画目今常常被表演出来。演者随一首歌曲，一段旋律，以手中之沙铺展情节，表诉心中的主题。这般随意的自由漾着一种浪漫，你也会为之吸引吧？可想自己触碰吗？

玩沙画如欲达到专业表演水平，尚需备些熟巧之功。还有一种称之胶粘沙画的，是定格彩色流沙，使之成为一件艺术品。对初学者来讲，那且为后话，我们暂不必要思之过远，单是由心由性地玩一玩，耍一耍，不也是简单之乐么？若你更能玩耍出个高水平，不也是额外之获么？

简单之乐似乎有着简易的支持条件，你只消准备好沙子、沙画台及相关教程就可以在家中玩玩动态沙画了。选沙以选专门的细沙为宜，即原色的自然沙就好。至于沙画台，你可拣择轻巧便捷、原理简单的，比如那种在箱中放入一盏灯，光亮透出来便能弄沙于箱盖之上的支撑台。大约沙画台要稍稍破费你一点银子，不过，如将这点小代价目为开心的成本，倒也觉值得。男生若有兴致，还能自己动手制作一个沙画台，重点在于灯的装置，以使铺洒在上面的沙画更具可视性。创造之趣就这么悄然打开了。

摆弄着沙子，你的手柔柔按下去又轻轻捧起来，接触之间有一种淡淡的舒服感。两只手在沙画台上推来抹去，仿佛整个人在沙滩排球的场地中享受，任细腻之沙沾着皮肤也是种天然按摩。可能你会想起童年时曾玩过的小沙堆，或者曾在海滩写过的字，更加觉得近前的黄沙亲切可依。抓着一把沙，立起拳头在沙画台的上空盘旋，让其像沙漏一样从拳缝间向下流泄，直落到台子上。这是否可称作下沙？台上的画景是不是你想要的样子呢？

如你习惯用右手，便就在铺满一层沙的台上以大拇指左侧一抹一抹，一划一划，这样，沙子被向外推出，画台露出的部分即是图案。就像篆刻时用刀将文字刻掉，所印即是凹入的阴文。当你把沙子分开归置到边缘备用，画台被完全显出来，再用拇指与食指捏起沙子搓捻到台上，沙落的轨迹便是图案。就像篆刻时用刀将文字以外的边白刻掉，所印是凸出的阳文。不过，很多时候哪里要分得那么清楚呢？你当然是会并用的啦！

在沙画的世界，几近无物不可借沙来表。人物，动物，植物，高楼，田园，森林，海洋，等等，轻描淡写之间画面即被切换。人景交变，创意无限，实在是奇妙。待你学成了个中方法，日渐熟练以后，便可试着将自己生活里某些印象深刻的场景连作故事，用沙画讲给自己听。

你撒着，抹着，搓着，划着，一下紧接一下。台上沙原本静歇在那里，因人的介入始有情——上方，女孩坐在床沿，手里两根针搭成一个角度，有一团线停在身旁；下方，天空飘着雪丝，女孩的父亲走在街边，颈上带着女儿织的围巾，谓之“回馈父爱，为父亲织一条暖暖的围巾”。涂掉再来，黎明的岸边，男孩牵着父母的手，凝望着“云霞出海曙”，谓之“陪父母一起接迎日出东方”。涂掉再来，左边，男孩带着一只隔热手套在忙碌；右边，男孩的父母对着甜点，一缕泪中带笑，谓之“为父母精心烘焙一个浓情蛋糕”。涂掉再来，窗上冰花凝结，女孩偎依在外婆身边，一起翻阅着旧时的相册，谓之“冬季取暖，与长辈一起看那些迷人的老照片”。涂掉重来，男孩女孩拥赏着漫天烟花。涂掉重来，男孩女孩并肩仰望着摩天轮。涂掉重来，星光点点，男孩与朋友们围在篝火旁欢雀。涂掉重来，月意溶溶，女孩宿在好姐妹家，两人对夜漫聊……灯光下，沙画不过是那些变幻的片段，而生活中原有这样的暖心在着，可曾被你忽略?

掌握了沙画的基本技巧，你便能勾勒出自己所欲的轮廓，纵不及那些专业表演者来得精致讲究，乘兴而放兴尽而收，也能有属于自己的乐趣。每一画面从制出到拂掉，或许不会太多停留，一回替换就像一次结束的开始，上一个结束正是为了下一个开始，在开始与结束之间，被你设计的绽放之沙有一段最好的距离。亦或许，上个画面会在下个画面渐入时而淡出。这种先交后替的演变，宛若生活中很多事情没有太过明朗的界限，寻常日子也因有了那些潜移默化的东西才够真实。

生活是过出来的，同样是造出来的。不妨对着一盘散沙玩出你的想法，你的自信，你的热情，让生活如动态沙画一般盛绽出所有的美。亲爱的朋友，莫在为专注一点而流失大把，请别忘记，我们本可以自己创造出多姿多味的生活！

图书在版编目（CIP）数据

不计往日，何待来年 / 婧介著. —北京：九州出版社，2013.11
ISBN 978-7-5108-2467-8

Ⅰ. ①不… Ⅱ. ①婧… Ⅲ. ①散文集—中国—当代 Ⅳ. ①I267

中国版本图书馆CIP数据核字（2013）第279943号

不计往日，何待来年

作　　者　婧 介 著
出版发行　九州出版社
出 版 人　黄宪华
地　　址　北京市西城区阜外大街甲35号(100037)
发行电话　（010）68992190/2/3/5/6
网　　址　www.jiuzhoupress.com
电子信箱　jiuzhou@jiuzhoupress.com
印　　刷　小森印刷（北京）有限公司
开　　本　870毫米×1280毫米　32开
印　　张　8.25
字　　数　100千字
版　　次　2014年1月第1版
印　　次　2014年1月第1次印刷
书　　号　ISBN 978-7-5108-2467-8
定　　价　32.00元